教科書には載せられない

黒歴史

歴史ミステリー研究会編

彩図社

まえがき

人類の歴史には、ぽっかりとあいた〝黒い穴〟がある。

教科書にはけっして載せられない多くのおぞましい事件や事故が実在していて、人はそれを、「黒歴史」と呼ぶ。

本書では、多くの教科書においてタブー視されているそれらの黒歴史にメスを入れることで、歴史の真の姿を多くの人々に伝えようと試みた。

たとえば、わずか3ヵ月で100万人もの人が殺されたルワンダの大虐殺では、大人はもちろん、幼い子供たちの命さえもが奪われた。

また、多くの一般人が犠牲となった第一次・第二次世界大戦やベトナム戦争も避けて通れない黒歴史だ。

さらに、今も世界のあちこちでは差別が続いている。数千年もの間、インドの人々を苦しめているカースト制度では、掟にそむいた者には驚くべき制裁が与えられているという。

経済摩擦や核の保有のために第３次世界大戦が起こってもおかしくない場面を幾度となく我々は見てきた。そして、ＩＴが発展し続けることで受ける恩恵とは裏腹に病んでいく人間も少なくない。

世界にはたしかに黒歴史が存在しているのだ。

人間はもともと残酷な生き物である。多くの事件や事故に見え隠れする人間の本性を前にして、あなたはページをめくり続けることができるだろうか。

２０１８年８月

歴史ミステリー研究会

1章　虐殺の黒歴史

2章　戦争の黒歴史

3章 差別の黒歴史

4章　飢餓の黒歴史

5章　経済の黒歴史

6章　支配の黒歴史

7章　粛清の黒歴史

8章　事件の黒歴史

9章　疫病の黒歴史

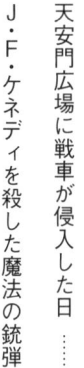

1章　虐殺の黒歴史

部族の対立が大虐殺を生んだルワンダ

■3ヵ月で100万人が死体になる

つい昨日まで挨拶を交わしていた隣人同士が、ナタを手に殺し合いを始める。街のあちこちにはナタで頭を割られて命を落とし、無造作に積み上げられた死体の山が築かれている……。

1994年、アフリカ大陸の中央部に位置する小国ルワンダでは、わずか3ヵ月の間で国民の10人に1人、少なくとも100万人が虐殺されるというまさに〝この世の地獄〟ともいえる光景が繰り広げられたのである。

ルワンダの歴史は、2つの部族の軋轢《あつれき》の歴史ともいえる。

この土地で農耕を営んできた先住民はフツ族だったが、17世紀頃に遊牧民としてやってきたツチ族の侵略を受けると、国民の8割以上という多数派のフツ族を王制を築いたツチ族が支配するという関係が成立したのである。

さらにその後、ルワンダを植民地としたベルギーが、その支配強化に部族の対立を利用したのだ。どちらの民族であるかを証明する身分証まで発行され、差別を受けたフツ族のなかに根深い遺恨が生まれたのも当然だったといえよう。

やがてフツ族の反乱が国内のあちこちで起きるようになった。

1959年、フツ族はついにツチ族の政権を倒して共和国となることに成功する。すると今度は、今までの恨みを晴らすがごとくフツ族によるツチ族への弾圧がエスカレートし、多くのツチ族が難民として隣国のウガンダに避難することになる。

彼らは祖国を取り戻すべく「RPF（ルワンダ愛国戦線）」というゲリラ組織を結成し、ルワンダ領内に侵攻してはフツ族政権を悩ませたのである。

■フツ族・ツチ族の根深い対立

そんなフツ族とツチ族の対立が急展開を迎えたのが、1994年のことだ。この年の4月6日、ルワンダの首都であるキガリの空港へ着陸態勢に入った大統領専用機が、何者かが放った地対空ミサイルによって撃墜されてしまったのだ。飛行機に乗っていたフツ族政権のハビャリマナ大統領は爆死を遂げた。

フツ族はこれをツチ族の仕業であると断定し、主要なメディアであるラジオで連日「ツチ族を殺すか、自分が殺されるかだ」と放送したのだ。そして、100万人の犠牲者を出すツチ族の大虐殺に発展してしまうのである。

この大虐殺では、フツ族の兵はもちろん、多くの一般人までもがナタを手に殺戮を繰り返した。

学校に避難した人々までが襲撃を受け、校舎は遺体で埋もれた。そして現在、その学校には防腐処理の施された数千人もの遺体のミイラが、ケースにすら入れられることなくただ並べられている。

首都のキガリをはじめルワンダのいくつかの都市には、そうした「虐殺記念館」と名づけられた施設が建てられており、苦悶の表情を浮かべて横たわる、ところどころ白骨化した遺体の数々は、無言のままに大虐殺の悲劇を今に伝えている。

これほどの地獄が、わずか二十数年前にこの地球上で展開されたという現実は、記念館に漂う猛烈な死臭を嗅いでようやく理解できるものなのかもしれない。

現在、ルワンダはこの大虐殺を制圧したRPF出身のカガメ大統領が統治しているが、ハビャリマナ政権と親交の深かったフランスは、このカガメ大統領らがハビャリマナ大統領暗殺事件の首謀者であるという報告書を発表している。

一方で、ルワンダ政府の調査委員会は、事件の首謀者は当時のフツ族政権内の反大統領派だったとする報告書を発表して反論しているのである。

さまざまな思惑が入り乱れるなかで、大虐殺を引き起こした大統領暗殺事件の真相は、犯人からの犯行声明も出されないまま今もルワンダの大きな闇となっている。

布やわらに包まれて道端に積まれた遺体。奥のトラックからさらに遺体が下ろされようとしている。

ヒトラーが企んだユダヤ人絶滅計画

■歴史上類をみない大量虐殺

世界史は苦手でも、アドルフ・ヒトラーの名前を知らない人はいないだろう。第二次世界大戦を引き起こした張本人であり、ナチスの総統として君臨した独裁者だ。世界征服の野望を抱いたヒトラーは近隣諸国に侵攻し、破壊、略奪の限りを尽くした。とりわけ、ヒトラーの残虐性を示しているのがユダヤ人の迫害だ。ドイツ国内から非アーリア系の民族、すなわちユダヤ人を抹殺しようとしたのである。

当初、国内からの追放だった措置はしだいに過激さを増していき、ついには20世紀最大のジェノサイドといわれるほどのホロコースト——ユダヤ人の大量殺戮を招いた。

ナチスの証拠隠滅により、その正確な数字はわからないものの、第二次世界大戦が開始されてからドイツの敗戦に至るまでのおよそ4年半の間に、600万人ものユダヤ人が虐殺されたとみられている。

歴史をひも解いても、ひとつの民族がこれほど大量に、かつ組織的に殺害されたという例はほかに類をみない。まさに殲滅《せんめつ》だった。

オーストリアの強制収容所に収容されていた人々

■1日に何千人もがガス室に送られる

まず、ユダヤ人はゲットーと呼ばれる居住区や強制収容所に集められた。

だが、財産を没収され、まともな食料も配給されず、暖房器具もない。衛生状態も悪く、飢えや病気で死んでいく者も多かった。

一方、ドイツが侵攻した地で暮らすユダヤ人も強制収容所へ連行されたほか、多くの人がその場で殺害された。

たとえば、ソ連では半年で50万～80万人が処刑されたという。また、現地の人間を使ってユダヤ人を襲撃させたり、撲殺させたりすることもおこなわれた。

強制収容所のユダヤ人もわずかな食べ物を与えられただけで長時間働かされ、使い捨てられていく。

そして、膨大な数のユダヤ人を手っ取り早く処理するために、「絶滅収容所」が考え出された。収容所とは名ばかりで、人間の抹殺を目的とした施設である。

最初に作られたのはアウシュヴィッツ収容所だ。ここでは特別仕様のトラックにユダヤ人を乗せ、ガスで殺すという方法がとられた。

しかも、この遺体を処理するのは同胞であるユダヤ人強制労働者だ。トラックから放り出された遺体のなかに妻や子の姿を見つけ、自分も殺してくれと懇願した労働者もいた。このような苦しみに耐えられず、精神を病んだり自殺する者もいたという。

マイダネク、ベウジェツ、ソビブルでは、シャワー室に偽装したガス室が作られた。ユダヤ人たちは次の収容所へと移動する前にシャワーを浴びると言われて、部屋に送り込まれる。しかし、彼らに次の目的地などなかったのだ。

これらの収容所では１７５万人が犠牲になったとされている。

最大級の収容所であるアウシュヴィッツでは、青酸ガスのツィクロンBが用いられた。もともと殺虫剤として使われていたものを、殺人用へと転用したのである。さらに、ここでは医療や科学のためと称して、人体実験も繰り返されていた。

アウシュヴィッツの犠牲者の数にはさまざまな説があるものの、およそ110万人が虐殺、飢餓、病気などで死亡したとみられている。

敗戦が色濃くなった頃、ユダヤ人は収容所を移動させられた。衰弱して倒れた者は容赦なく射殺され、目的地にたどり着けた者は少なかったという。

ドイツの強制収容所内に残された焼却炉

この死の行軍のなかには、隠れ家での生活をつづった『アンネの日記』の著者、アンネ・フランクも含まれていた。

こうした残虐なおこないに対して、軍部のなかでヒトラー暗殺計画が練られたり、ユダヤ人を救出する動きもあった。だが、映画『戦場のピアニスト』で描かれたような国防軍の活動で救われたユダヤ人はわずか１００人ほどだったという。

戦後、ナチスの戦犯たちは裁判にかけられ、相応の刑を受けている。だが、首謀者であるヒトラーは自殺しており、裁きにかけることはできなかった。

狂気の独裁者がおこなったホロコーストは、まだ研究の途上にある。すべてが解明されたとき初めて、ユダヤ人の魂もやすらかに眠ることができるのかもしれない。

アルメニアの人口を半分にしたトルコ

■アルメニア人絶滅の危機

アルメニアは黒海とカスピ海に挟まれた、コーカサス南部に位置する小さな国だ。とはいえ、その発祥は紀元前にまで遡《さかのぼ》ることができるほど、古い歴史と伝統を持つ。ソ連の解体により独立国となったが、周囲を大国に囲まれていたため、長い歴史の間には何度も異民族の支配下に置かれてきた。

ところで、ジェノサイドは大量虐殺を意味する言葉だが、まず思い浮かべるのはナチスによるユダヤ人の迫害ではないだろうか。しかし、それに先立つ1915～23年にかけて、このアルメニアを舞台に殺戮の悲劇が起こっていたのである。

世界史の教科書には取り上げられていないので、あまり知られていないものの、これは20世紀最初のジェノサイドと呼ばれている事件だ。

この時代のアルメニアはオスマン・トルコの勢力下にあった。そして、トルコ人は国内からすべてのアルメニア人を排除しようと計画したのだ。当時、国内にいたとされるアルメニア人250万人のうち150万人が虐殺や追放で死んでいったのである。

■子供にも女性にも容赦しない

アルメニア人の大半は農村で農業に従事していたが、都市に住むアルメニア人は経済・商業でトルコ人をはるかにしのぐ能力を発揮していた。19世紀末からオスマン・トルコは欧州列強に押されて弱体化しており、そのうっぷんを他民族をおとしめることではらそうとしたのである。

アルメニア人虐殺の第一歩は移送という形で始まった。トルコ側によれば、すでに前年から第一次世界大戦が勃発しており、ロシアと国境を接する地域からの疎開だったというが、これは言い訳といえる。なぜなら、国内のあらゆる場所からアルメニア人が移送されたからである。

最初にターゲットとなったのは、アルメニア人の指導者、教育者、作家、議員だ。

彼らは逮捕され、東部や中部のアナトリアに追放されたあと、裁判にかけられたり殺害された。

さらに、抵抗勢力になりそうな多数の男たちが逮捕され、人目につかない場所まで移動したところで殺された。残された女、子供、老人も、男たちが殺されたことも知らぬまま街を追放され、街を出たとたんに殺された者も多かったという。

生き残った者は酷暑のなかを食料も水もほとんど与えられぬまま、砂漠のなかにある収容所まで延々と歩き続けさせられた。

難民となったアルメニア人の親子

このような様子は、かろうじて助かった者や目撃者がさまざまに証言している。

銃殺や剣で切り裂かれるほか、持ち物や衣服をはぎ取られ、川に投げ込まれた者もいた。なかには、殺されるよりはましだと、みずから川へ身を投げる者も多かった。

傷つけられた遺体が毎日ユーフラテス川を流れていき、川はその血で赤く染まっていたと伝えられる。

長い間アルメニア人もこの現実から目をそらしてきたが、2005年4月、首都エレヴァンをはじめ、世界の各地で犠牲者を追悼する催《もよお》しがおこなわれた。世界各国も、このジェノサイドを承認する動きをみせている。

一方、トルコ政府の言い分によれば犠牲者は80万人で、疎開の最中に暴漢に襲われた結果だという。あくまでもジェノサイドはなかったと主張しているのだ。

トルコは2005年秋からEU加盟の交渉を開始したものの、いまだに加盟を認められていない。そこにはアルメニア人のジェノサイドを認めない態度も大きく影響しているといえるだろう。

「聖戦」で人々を虐殺した十字軍

■3つの宗教の聖地・エルサレム

エルサレムはキリスト教、イスラム教、ユダヤ教の人々にとって、特別な意味を持つ場所だ。というのも、それぞれの宗教の聖地になっているからである。

キリストが磔刑《たっけい》になり、その後復活したとされるゴルゴダの丘には聖墳墓教会が建てられている。ムハンマドが昇天したと伝えられる場所にあるのが岩のドームだ。また、ユダヤ教徒にとっては神から与えられた約束の地であり、嘆きの壁が建っている。

これらがおよそ1キロ四方という城壁のなかに、ひしめきあっているのだ。

現在でもエルサレムの領有に関しては、イスラエルとパレスチナが激しく対立を続けている。これは民族紛争だといわれるが、そこには宗教の違いも大きく関与しているといえるのだ。

今から1000年近く前にも、エルサレムをめぐって大きな争いが繰り広げられた。十字軍である。

当時、このあたりを支配していたのはイスラム勢力だった。そこで、ローマ教皇ウルバヌス2世がキリスト教徒に向けて、聖地奪回を呼びかけたのである。

これに呼応して、各国の諸侯から一般民衆までが立ち上がった。教皇は「この戦いは神のご意思であり、十字軍に参加することで免罪が与えられる」と宣言したからだ。教皇からお墨付きをもらったとなれば「聖戦」である。しかし、実際には聖戦と呼べるような戦いではなかった。十字軍に参加した人々は、イスラム教徒は世界の敵であり、野蛮な民族だと信じていた。そして、イスラム教徒のみならず、異教徒を見境なく殺し、残虐非道の限りを尽くしたのだ。

十字軍の実態は、殺戮集団というほうがふさわしいものだったのである。

■異教徒を皆殺しにする

1099年、第1回十字軍がエルサレムを包囲した。2ヵ月ほどの攻防の末、ついに十字軍はエルサレム入城を果たす。

この戦いは凄惨をきわめた。城内にいた者は男でも女でもみな殺戮の対象になった。あちらこちらに首のない死体やちぎれた手足が転がっている。床にはイスラム教徒の流した血が広がり、それは兵士の足首に達するほどだったという。

戦いを目撃したある司教は、バラバラになった遺体も怖かったが、それにもまして全身に返り血を浴びながら勝利に酔う十字軍の兵士の方が何倍も恐ろしかったと伝えている。

おしよせる十字軍

このときの犠牲者は7万人にのぼるともいわれ、エルサレムからはイスラム教徒が根絶やしにされた。
また、十字軍はユダヤ教徒にも殺戮の手を伸ばす。ユダヤ教徒たちは戦乱におびえてシナゴーグに逃げ込んでいた。十字軍はそのシナゴーグに火を放ち、生きたままユダヤ人を焼き殺したのである。

残された財産や金目のものは、すべて略奪された。

このほかにも、1098年にはシリア北部のマアッラを襲っている。マアッラでは、殺害や略奪だけでなく、大人は鍋で煮て、子供は串刺しにして焼き、その人肉をむさぼり食ったと伝えられている。十字軍はまさに野獣の群れと化していた。

200年もの間、7回にわたって十字軍の遠征は続けられた。だが、商業上の理由からコンスタンティノープルを占領してラテン帝国を建国するなど、本来の目的を見失ったケースもある。また、少年十字軍が、悪徳商人に奴隷として売り飛ばされてしまうといったことも起きた。

十字軍に参加した諸侯はもともと戦利品が目当てだったり、商人は利益の獲得を目論《もくろ》んでいたりと、信仰心から参加したのではない者も多かったのだ。教皇でさえ、これを機会に東西に分裂していた教会を統一しようという野望を持っていた。

さまざまな思惑が絡みあうエルサレムをめぐる攻防は、結局、十字軍の敗北で幕を閉じる。これにより、教皇の権威は弱体化し、各国の国王の権限が強まるという皮肉な結果をもたらしたのである。

「英雄」ナポレオンの侵略と虐殺

■曲名を変更したベートーベン

ベートーベンが作曲した交響曲に『英雄』がある。

この曲はじつは最初は『ボナパルト』という曲名であり、ナポレオンに捧げられたものだった。しかし後にベートーベンはナポレオンに失望し、曲名を『英雄』に変えたのである。

「余の辞書に不可能の文字はない」の名言で知られるナポレオンについて、フランス革命後の混沌としたフランスを統一し、さらにはヨーロッパ全域を支配しようと勇躍した英雄だと信じている人も多い。しかし、果たして本当にそうなのだろうか。

フランスを統一し周辺諸国に次々と戦争をしかけていったナポレオンは、当時のヨーロッパ諸国にとっては、ある意味では恐怖の皇帝だった。

必ずしも多くの人々が思っているような輝かしい英雄ではないということは、自分が作った交響曲の曲名を変更したベートーベンの行動からもわかる。

■侵略戦争でのし上がっていく

1769年に生まれたナポレオンは、一介の砲兵から身を起こし、皇帝に上り詰めた。これだけなら単なる立身出世の物語である。

しかし、皇帝の戴冠式のときにローマ教皇を呼びつけ、しかも教皇から冠を取り上げて自分でかぶってしまったという。この有名なエピソードが語るように、ナポレオンは傲慢なエゴイストだったのだ。

そんな彼は、戦争によって名声を高めていく。

最初に彼を有名にしたのは1796〜97年のイタリア遠征である。その後エジプト遠征から帰国するとクーデターを起こして政権を握る。さらにイタリアに侵入したオーストリア軍を破って、1804年に皇帝となる。まさに戦争によってのし上がったのだ。

1805年、ナポレオンは今度はロシアとオーストリアの連合軍を撃破する。これが近代戦争の始まりともいわれるアウステルリッツの闘いだが、これを皮切りに、ナポレオンはヨーロッパの国々へと征服のための侵略戦争をしかけていく。

1806年にはプロイセンを征服する。その影響で、神聖ローマ帝国が崩壊する。

さらには「大陸封鎖令」を発動するが、これはフランスにとって最大のライバルであるイギリスを孤立化させるのが目的だった。ほかの国々がイギリスとの貿易をおこなわないようにすることでイギリスを経済的に追い込もうとしたのだ。

そして1808年にはスペインに対して戦争をしかけるが、ここでナポレオンの悪名を一気に高める歴史的大事件が起こる。それが、スペイン虐殺だ。

スペイン虐殺を描いた絵画。市民暴動を鎮圧したフランス軍は、反乱者をただちに銃殺刑にした。（ゴヤ画）

■スペインで起こった大虐殺

ナポレオンは、兄ジョゼフをスペイン国王にしたのだが、これにスペインの民衆が猛反発した。激高したスペイン人がナポレオン軍の兵士30人を惨殺するという事件を起こした。これに怒ったナポレオンは、罪のない民衆1万人を虐殺したのだ。

今もスペインでは多くの人々がナポレオンを冷酷な人間、極悪な圧制者としてとらえる見方が多く、日本人のように英雄視はしていない。

この蛮行に対して、それまではナポレオンにあからさまに歯向かうことができなかったヨーロッパ諸国も、ついに打倒ナポレオンの声を上げる。

1812年、ロシアがフランス軍に戦争をしかけた。そこでナポレオンは約50万人ともいわれる兵士をロシアに送り込む。しかしロシア軍とロシアの寒さに力尽き、わずか5万の兵しか生き残ることができず、ナポレオンは敗北する。

弱体化したナポレオンは、1813年にロシアを中心とした対仏大同盟軍に破られ、その栄光の時代が終わるのである。

ナポレオンはヨーロッパの歴史と地図を塗り替え、人々を恐怖におとしいれたのだ。

2章　戦争の黒歴史

近代兵器が登場した第一次世界大戦

■世界は狭くなり戦域は広がる

20世紀に入ると、戦争はひとつの国対国で起こるのではなく、いくつもの国を巻き込む大規模なものが増えていく。そのために被害もそれまで以上に大きくなり、犠牲者も戦闘員だけではなく一般市民などの非戦闘員を巻き込んで広がるようになった。

文明が進歩し、世界各国の関係が緊密になることはいいことだが、しかしその反面、ひとたび戦争が起これば、それがより悲惨なものになるのだ。

人類が最初に経験した世界的規模の戦争である第一次世界大戦も、まさにそうだった。

戦ったのは、ヨーロッパのふたつの陣営だ。一方は、19世紀末までにアフリカやアジアを分割して勢力を拡大し、帝国主義政策をおしすすめてきたイギリス、フランス、

戦闘中に使われた催涙ガスによって目を痛めたイギリス兵

ロシア（三国協商）である。

そしてもう一方は、それらに遅れて帝国主義政策をとり、軍備拡大に力を入れ始め、三国協商の国々に対抗しようとするドイツ、そしてそのドイツと手を結んだイタリア、オーストリア（三国同盟）だ。

■火炎放射器と毒ガスが登場

当時バルカン半島ではいろいろな民族が入り乱れていたが、なかでもロシアとオーストリアの対立は根深かった。

１９１４年６月、セルビアの民族主義者がサラエボでオーストリア皇太子を暗殺する事件が起きた。これをきっかけにオーストリアがセルビアに宣戦布告し、さらにドイツ、ロシア、フランス、イギリスが参戦する。その後、アメリカや日本も参戦し、戦争はヨーロッパを飛び出して世界に広がっていく。まさに世界規模の戦争となったのだ。

そして、この戦争をさらに悲惨なものにしたのは近代兵器の使用だった。そのことをもっともよく象徴するのが、１９１６年にフランスとドイツの国境近くにあるベルダン要塞をめぐって起こった攻防戦である。

このときドイツ軍は、火炎放射器を用いたのだ。もちろん人類初の兵器である。火炎は厚い要塞の壁のわずかな隙間から中に入り、兵士を焼き殺した。フランスは火炎放射器によって大きな被害をこうむったのである。

しかしそれだけではない。ドイツ軍は〝毒ガス〟を使用したのだ。

■近代兵器が人類の命を奪う

１９０７年の「ハーグ陸戦協定」では、毒ガスの使用は禁止されていた。しかしそれに反してドイツ軍が使用したために、その後は両軍ともに使うようになる。これは「ホスゲン・ガス」と呼ばれるもので、人の肺を焼きつくして窒息死させるものだった。

悲惨なのは、このガスは空気よりも重いので、敵兵だけでなく地下の塹壕にひそんでいた味方にも多数の犠牲者を出したという点だ。そのためにベルダン要塞をめぐる戦いは、まるで地獄の様相だったといわれる。

約260平方キロメートルの陣地を奪い合っただけの戦闘だったにもかかわらず、フランス軍38万人、ドイツ軍36万人という膨大な死者を出した。ほとんどが近代兵器の犠牲者なのである。

最終的には、第一次世界大戦の死者は世界で約2000万人、そのうちの半数である約1000万人が非戦闘員だった。

かつてない数の犠牲者が出た背景には、毒ガスや火炎放射器のほかにも、戦車、潜水艦、航空機、飛行船、機関銃、高射砲など、新たに発明、開発された兵器、あるいは改良されて戦争に使われるように

ベルダン要塞付近で爆発した手榴弾があげた煙

なった兵器の存在がある。

しかも、工業の発達により、それらが大量生産できるようになった。それは勝者にとっても敗者にとっても、より多くの犠牲者を出すことにつながったのである。

結局は、どれだけの兵器を作り、それをどれだけ効率的に戦場に送り出せるかが勝敗を分けたともいえるのだ。

文明の進歩と技術の発達は人類にとって大きなものをもたらした。しかしその一方で、もしも使い方を誤れば、人類に向けられる刃にもなることを証明したのが第一次世界大戦だったのである。

一般人を犠牲にした第二次世界大戦

■人類史上最悪の戦争

ソ連1450万人、ドイツ280万人、日本230万人……。

これは第二次世界大戦で戦死した兵の数である。もちろん戦争で犠牲になるのは兵士だけではない。民間人の犠牲者も多い。

たとえば、中国、ソ連、ポーランドなどで、それぞれ600万～1000万人の罪のない命が奪われた。ドイツ230万人、日本80万人も参戦国のなかでは多い方である。

世界中の国々を巻き込み、過去に例を見ないほどの犠牲者を出した第二次世界大戦は、人類が犯したもっとも悲惨な愚行だったといえる。

歴史の教科書で説明されている以外にも、この戦争では数多くの残虐な行為が繰り返されている。それらのなかには歴史の陰に埋もれてしまい、タブーとしてあまり語られなくなったものもある。

■「無防備都市」を襲った大空襲

たとえば、アメリカ軍とイギリス軍はドイツ攻撃の際にドレスデン空爆やハンブルク空襲で非戦闘員を多数虐殺した。

ドレスデン空爆では、一説では約15万人もの罪のない市民が殺されたといわれる。じつはドレスデンは無防備都市宣言をおこなっており、しかもこの都市を攻撃することには戦略上は何のメリットもなかったといわれる。

また、ハンブルク空襲は、のべ２６３０機の爆撃機がなんと約９０００トンの爆弾を投下し、無残にも約5万人の市民の命を奪った。イギリス政府は後にこの空爆を「ドイツのヒロシマ」と呼んだほどである。

アメリカ軍は東京に対しても、１９４４年から４５年にかけて１００回以上の空爆をおこなっている。とくに45年3月10日のいわゆる東京大空襲では、東京の多くが焦土と化し、8万人以上の犠牲者が出た。

アメリカ軍は東京を空襲する前に、どうすれば日本の家屋に大きな被害を与えられるかを実験したといわれる。その結果、木や紙、畳といった日本独特の建築物を効率よく破壊するためにクラスター焼夷弾《しょういだん》が開発され、恐ろしい威力を発揮したのだ。

ドレスデン爆撃で犠牲になった人々

■一般市民に核兵器が使われる

そしてもちろん、広島と長崎への原爆投下という事実も忘れてはならない。

その犠牲者の数は、広島の場合は投下直後で約14万人、その後後遺症などによる死者を含めると20万人以上といわれる。

また、長崎では投下直後に約7万人が死亡、その後も後遺症などで約15万人が犠牲になったとされる。

原爆投下については、現在もアメリカを中心にして「戦争終結のために正当だった」という考え方が根強い。また、太平洋戦争のきっかけとなった日本軍による真珠湾への奇襲攻撃もよく引き合いに出される。日本人の認識とは異なるが、どちらがより公正なのかを判断するのは難しい。

第二次世界大戦後には、核兵器の所有を抑止力として、アメリカとソ連が危ういバランスの上でかろうじて均衡を保つ東西冷戦時代が訪れた。

その冷戦も、いまや終結してから数十年が経とうとしている。しかし、世界中の核兵器のうちの9割は依然アメリカとロシアが保有しており、中国やインドなどの核保有国にも核放棄の動きは特にない。

そのうえ、北朝鮮が核兵器への野心を見せたことで、各国の思惑はいっそう複雑に錯綜する状況になっている。

泥沼の戦いになったベトナム戦争

■2つの国に傷跡を残した近代戦争

『フォレスト・ガンプ』『ディア・ハンター』『ランボー』……、いずれも優れたアメリカ映画として今もよく話題になる作品だが、これらに共通しているものとは何か。

答えは、ベトナム戦争からの帰還兵が登場するという点である。

かつて戦争で敗北を味わったことのなかったアメリカが初めて負けた戦争となったベトナム戦争は、戦地から帰国した後の兵士たちのPTSD（心的外傷ストレス障害）が社会問題になった。

いつ終わるとも知れない戦争、しかも戦場はまわりの状況がわかりにくいジャングルであることが多く、兵士たちの多くが恐怖と疑心暗鬼のなかで精神的に病んでいき、帰国した後もそれが続いて社会問題になった。

大国アメリカに深い傷跡を残すことになったベトナム戦争だが、戦地になったベトナムにも大きな傷跡を残した。今も苦しみ続けるベトナム人が大勢いるのだ。

ベトナム戦争は、第二次世界大戦後に南北に分断されたベトナムで、民族解放と統一を目指す北側と、それに対立する南側とが戦った戦争だ。北側をソ連が、南側をフランス、その後アメリカが支援した。

時代は東西冷戦の真っただ中である。ベトナムという東洋の小国の対立は、東西大国の「代理戦争」となって長期化した。とくに1964年8月のトンキン湾事件をきっかけにして様相が大きく変わる。

トンキン湾事件はアメリカの駆逐艦が国籍不明の魚雷艇から攻撃を受けた事件で、これをきっかけにして翌年アメリカが北ベトナムへの空爆、いわゆる北爆を開始した。沖縄駐留の海兵隊二個大隊など米兵3500人を南ベトナムのダナンに上陸させ、アメリカは本格的に戦争に介入することになるのだ。

後年、じつはトンキン湾事件はアメリカが戦争介入のために仕組んだものだということが明らかになったが、いずれにしても否応なしに戦争は拡大し、アメリカはのべ260万人の兵士を派遣して、ベトナム戦争は泥沼へと足を踏み入れていく。

■最悪の戦争の象徴・ソンミ村

結局、ベトナム戦争の犠牲者は、ベトナム人335万人、サイゴン政府軍22万人、民族解放軍110万人、民間人200万人、そして米兵5万8000人といわれる。しかも、非戦闘員の死者のうち半数は子供だったともいわれているのだ。

ベトナム戦争の間には、とくに非人道的で悲劇的な虐殺事件も起こっている。なかでももっとも有名なのが「ソンミ村虐殺事件」だ。

事件は、1968年3月16日に起こった。アメリカ軍兵士が非武装のベトナム民間人を大量虐殺した事件で、男性149人、女性183人、子供173人が機関銃の乱射で殺害された。

炎にまかれた家屋のそばで倒れるソンミ村・ミライの住民

しかも、当初は南ベトナム解放民族戦線のゲリラ部隊討伐のための戦いと発表されていたこの事件が、じつは米兵による理由なき虐殺だったことが明らかになったのは、事件の翌年である。この出来事がきっかけでアメリカ軍は支持を失い、アメリカ国内はもちろん、国外でも大きな反戦運動が盛り上がった。

こういった虐殺事件が起こったのは、ソンミ村だけではない。ほかにも同じような事件が何件か起こっていたことが、戦争が終わった後になって発覚しているのだ。

■今も奇形児が生まれるわけ

この戦争を通して、アメリカ軍はベトナムに785万トンの爆弾を落とした。第二次世界大戦でアメリカが各国に落とした爆弾は合計で205万トンであることを考えると大変な量である。

そしてもうひとつ、アメリカがばら蒔《ま》いたものがある。枯葉剤だ。

枯葉剤にはダイオキシンが含まれていて毒性が高い。発がん性があるほか、奇形児が生まれる確率が増大する。

１９６１年に始まった枯葉作戦で使用された枯葉剤の量は７５００万リットルにものぼるといわれる。その目的は、解放戦線の隠れ家であるジャングルを破壊すること、そして解放区で作られる農作物を汚染させて食糧として使えなくすることだった。

しかし、被害はそれだけではない。枯葉剤を浴びた人々のうち、どれほどの人が病に冒《おか》されて命を落としたか正確な数はわかっていない。

ベトナム上空で枯葉剤を散布する米軍

さらに、今でも枯葉剤の影響で奇形児が相次いで生まれている。貧困層の多いベトナムでは、奇形児が生まれてもそれに対する十分なケアができない人も多く、社会問題になっている。枯葉剤は、今もそのような悲劇を生み出し続けているのだ。

ベトナム国内はもちろん、戦争に参加した国々にも多くの傷跡を残したベトナム戦争は、近代における愚行のひとつである。

国民の8割が死んだパラグアイ戦争

■3か国を相手に同時に戦う

ブラジル、アルゼンチン、パラグアイ、ウルグアイ——。こんな国名が並ぶと、「サッカーの話?」と思ってしまうかもしれない。たしかに南米には、世界屈指の強豪国がひしめいている。

ただ、サッカーならば勝負の行方に一喜一憂することはあっても、あくまでも平和なスポーツだ。

ところが、これが戦争となると勝敗は生死にかかわる重大な問題になってくる。

1864年、この4つの国が戦争を始めた。それも、ブラジル、アルゼンチン、ウルグアイの三国同盟対パラグアイという、パラグアイにとっては圧倒的に不利な戦いである。

もともとブラジル、アルゼンチンとは国境問題などで対立していたものの、ことの発端はウルグアイの内乱にあった。

パラグアイは内陸部に位置しており、貿易をおこなうためには隣国の港を頼るしかない。幸いにもウルグアイとは良好な関係にあったため、ここの港を自由に使わせてもらっていたのだ。

しかし、ブラジルの後押しを受けた一派がウルグアイで反乱を起こし、親パラグアイ政権を倒してしまう。

1866 年、ブエノスアイレスでのロペスの戦い

パラグアイのロペス大統領は内乱には不干渉の態度を崩さなかったものの、もしブラジルがウルグアイに侵攻すれば戦争も辞さないと明言していた。

だが、ブラジルは警告など意に介さずにウルグアイに侵攻する。そこで、パラグアイも開戦に踏み切ったのである。そして、ブラジル、アルゼンチン、ウルグアイは、ロペス政権が無条件降伏するまで和解はしないという秘密同盟を結んだ。

こうして始まったパラグアイ戦争（三国同盟戦争、三国戦争ともいう）は、南米史上もっとも悲惨で、大規模な戦いとなってしまったのである。

■国民は2割に減った

冷静に考えれば、周囲を敵に囲まれた孤立無援の戦いなど無謀だということがわかる。だが、当時のパラグアイは経済状態もよく、南米屈指の軍事力も備えていた。実際、開戦当初のパラグアイは快進撃を続けたのだ。

とはいえ、三国同盟側にはイギリスの支援もあり、しだいにパラグアイは劣勢に追い込まれていく。パラグアイ川沿いに築かれた要塞が次々と落とされ、首都アスンシオンも陥落する。守りの兵はことごとく虐殺された。

それでも、ロペスは屈しなかった。東北部へと退却しつつも、6年もの間抵抗を続けたのだ。

男たちだけでなく、女も子供も老人も必死で戦ったが、こうした徹底抗戦が悲劇も生む。アコスタ・ニューの戦いでは、２万の大軍で構成されたブラジル正規軍にたった３５００人の少年兵が斬り込み、惨殺されたという。

ついに追いつめられたロペスは、「祖国とともに死なん」と叫んで敵に突っ込んでいく。その身体には銃弾と槍が容赦なくたたき込まれた。

そのうえ敵兵はロペスの死後、身につけているものや武器を略奪するばかりでなく、耳を削ぐ、頭の皮をはぐ、目をえぐり取るなどの残虐をおこなったのだ。

戦争に負けたパラグアイは領土の半分を失い、多数のパラグアイ人がブラジルのコーヒー園で奴隷のように働かされた。

しかし、この戦争のすさまじさをもっともよく物語っているのは人口だろう。一説によれば開戦前には１３０万人以上だったものが、終戦時には

1866年に撮影されたパラグアイの部隊。この後彼らがどのような結末を迎えたのかはわかっていない。

22万人にまで落ち込んだという。国民の8割といえば、ほとんど皆殺しに近い。

この数字は資料によって異なっているため、正確なところはわからないが、いずれにしろ三国同盟軍がパラグアイ中で無差別大量殺戮をおこなったことだけはたしかである。

とくに成人男性の被害が大きく、生き残ったのは2万人に満たなかったと伝えられる。街を歩くと木の上から女性が降ってくるという噂まで流れたほどだ。

これが労働力の不足や出生率の低下、さらにモラルの欠如などを招き、社会や経済の混乱が深刻化した。パラグアイがこの状態から立ち直るには、じつに半世紀もの時を必要としたのである。

アメリカを二分した南北戦争の惨劇

■ゲティスバーグは死の戦場だった

「人民の、人民による、人民のための政治」――これはアメリカ合衆国第16代大統領エイブラハム・リンカーンが、1863年11月19日にペンシルベニア州ゲティスバーグでおこなった演説のなかの有名な一節である。

1861年、奴隷解放問題で対立するアメリカの南北の衝突から始まった南北戦争のなかで、このゲティスバーグの演説はクライマックスとして今なお語られている。

リンカーンによってアメリカ合衆国は南北戦争で分断されることなくひとつの国として統一されたのだが、さらに奴隷制度が廃止されたのは周知のとおりだ。

建て前としては人種差別がなくなるきっかけとなったわけで、それが南北戦争の持つ意味である。

こう考えると、南北戦争はアメリカにとって明るい未来への一歩だったといえるのかもしれない。しかし、それだけではない。この戦争には、あまり語られることのない悲惨な一面もあったのだ。

■ゲティスバーグで死者が増えた理由

戦争が始まった頃、リンカーンはこの戦争が早く終わると楽観していたといわれる。1861年、4万5000人の兵で南部連合国の首都リッチモンドへ進軍したときは、それでカタがつくと考えていた。

ところが、この最初の戦いで北軍は惨敗してしまう。リンカーンはようやく、そう簡単に片付く戦争ではないことに気づいたのだ。

現実には、5年近くも続いた長期の戦争だった。北部は156万人、南部は90万人の兵士を動員した。

南北戦争による死者数は、南北合わせて62万人に及ぶ。この数字は、じつは第二次世界大戦におけるアメリカ人の死者数よりも多い。つまり南北戦争とは、アメリカ人が史上もっとも多くの犠牲者を出した類まれなる悲惨な戦争だったのだ。

なかでも有名なのは、ゲティスバーグの戦いである。南北戦争の勝敗を決めたといわれる戦いで、戦争の山場としてドラマチックに語られることが多い。しかし実際は激戦地そのものであり、多くの死者が出るにいたった。

ゲティスバーグの戦いを描いた絵画

ゲティスバーグは、ペンシルベニア州にある。ここはじつは、戦略上はそれほど重要な場所ではなかった。必ずしも死守しなければならない理由はなかったといわれる。

最初は、ほんの小さなこぜり合いから始まった。ところが、ゲティスバーグはたまたま数多くの道路や鉄道が合流する場所だった。そのために、ひとつの部隊が敗れてもすぐに新しい部隊を送り込むことができた。

皮肉なことに、それがかえって戦闘を長引かせることになったのである。

なかなか決着がつかないまま、両軍とも一進一退を繰り返し、しだいに戦死者や負傷者が増えていったのだ。

■新旧の戦い方が入り乱れた悲劇

この戦いによる死傷者・捕虜・行方不明者の数は、北軍が約2万3000人、南軍が2万7000人にものぼった。

なぜ、これほどまでに多くの犠牲者が出たのかについては、もうひとつ理由がある。それは、南北戦争が、古い形の戦争と新しい形の戦争とが入り乱れていた戦いだったからだ。

大砲や銃といった兵器を持った兵士が、勇敢にも突進してぶつかり合うという戦い方が南北戦争の特徴だ。ゲティスバーグもまた、そのような形で戦いがおこなわれたのである。

ただ、それはむやみに死傷者を増やす戦い方だった。次々と補充された兵士たちは、むざむざ死ぬために戦地に送り込まれたようなものだったのだ。

アメリカの歴史を大きく変えたともいわれる南北戦争だが、しかし、その犠牲者の数は想像を超えるものである。

しかも、奴隷解放のきっかけになったといわれながらも、いまだにアメリカ社会から黒人差別の風潮が完全に消えたわけではない。

果たして何のための戦争だったのか、改めて問い直す声は少なくない。

戦闘後のゲティスバーグの平原

3章　差別の黒歴史

法律で人種差別をした南アフリカ

■黒人は「外国人」だから権利はない

近代的で清潔な住宅街で豊かな暮らしを送る白人と、舗装もされていない道の両側に建つ掘立小屋で貧しい生活を送る黒人。ふたつの人種の生活がそれほどはっきりと区別されている社会というものを、日本人はなかなか想像できないかもしれない。

しかし、それは現実にある世界だ。国際連合によって「人類に対する犯罪である」とまで決められたこの非道な行為がおこなわれていたのは、アフリカ大陸の最南端にある南アフリカ共和国だ。

南アフリカでとられたこの政策は「アパルトヘイト」（人種隔離政策）と呼ばれた。1948年以降、南アフリカの政権を握った国民党が進めた政策である。では具体的に、どのようなことがおこなわれていたのだろうか。

まず、アパルトヘイトにより南アフリカに住む人々は、白人、カラード（ヨーロッパからの最初の移住者が現地人や黒人と結婚して生まれた子孫）、インド人、そして黒人という4つの人種に分けられた。

とはいえ、人口比でいえば圧倒的に黒人が多かった。たとえば１９８５年には、南アフリカの人口のうち、白人は約15％だったのに対し黒人は約73％を占めていた。

それだけの黒人がいるにもかかわらず、彼らの居住が認められているのは国土の約14％だけで、しかも黒人はそのなかで「国」を作るように強要され、そこの「国民」とされた。

つまり、黒人たちは南アフリカの国民ではなく、外国人という立場なのだ。だから、参政権など南アフリカ国民としての当然の権利は一切認められなかった。

南アフリカ西岸の都市ケープタウンの注意書き。上の看板はビーチが白人専用であることを示している。

また、公共の場では白人の居場所と黒人の居場所とが明確に区別された。電車、ホテル、レストラン、ビーチなど、あらゆる場所で両者が区別され、もしも黒人が白人用のエリアに入ればすぐに逮捕された。さらに、白人と黒人との結婚はもちろん、恋愛さえも禁じられ、もしもこれを犯せば罰せられた。

アパルトヘイトの表向きの理由は、「南アフリカにはいくつかの民族が共存しているから、それらをはっきり分離させて、それぞれが発展していくようにする」というものだった。

しかし本当の狙いは、人口約73%の黒人を人口約15%の白人のために安い賃金で働かせる、ようするに黒人を低賃金の労働力として搾取《さくしゅ》するための政策だったのだ。同じ労働をしても、黒人の賃金は白人の約10分の1だった。しかも黒人には、それに対して異議を唱える権利さえ認められていなかったのである。

■海外からの圧力で始まった変革

なお、このアパルトヘイトにおいては、日本人は「名誉白人」として差別の対象にはならなかった。これは南アフリカにとって日本が重要な貿易相手国だったからである。また、台湾人は正式な国交があったために白人と同じ待遇で扱われた。さらには、アメリカ出身の黒人のなかにも白人と同じ待遇を受ける者が多かった。

つまり、有色人種のなかでも南アフリカにとって都合のいい存在や、経済力のある者は差別の対象にならなかったのだ。裏を返せば、貧困層の有色人種だけを対象とし、社会的地位や権利を奪って経済的に力をつけないようにはかる政策だったのだ。

当然のことながら、国内ではアパルトヘイトへの反対運動がおこなわれた。しかし大勢の人々が投獄されたり処刑されたりして、運動はなかなか実らなかった。

そんななかで、黒人解放闘争の中心的存在となった組織があった。1912年に発足したアフリカ民族会議と呼ばれるものだ。非暴力主義をかかげながらも、ときには武装闘争もおこない、アパルトヘイト撤廃のために大きな足跡を残した。

そして、この組織の議長を務めていたのが、後にノーベル平和賞を受賞するネルソン・マンデラである。

彼もまた捕えられ、投獄された。しかし、1980年代になると、南アフリカでおこなわれている人種差別に対して外国からの経済制裁も相次いだ。ここに至って、ようやく撤廃に向けた新しい動きが見え始めたのである。

やがて、黒人の居住地域を定めた法律や人種を登録する義務を定めた法律など、アパルトヘイトの基本となる法律が少しずつ廃止されるようになる。

そして、すべての法律がなくなり、南アフリカの社会から制度上のアパルトヘイトが完全に消えたのは、１９９４年のことである。

この年の４月におこなわれた選挙では、人種に関係なくすべての人々に選挙権が与えられた。そして大統領に選ばれたのが、ネルソン・マンデラだった。

■マンデラが残したもの

マンデラは一貫して、黒人と白人が一つの国民になることを説いた。そして、黒人たちが報復することを許さなかった。肌の色を問わず、人間としての尊厳を保障する「虹の国」を目指したのである。また、経済政策として復興開発計画（ＲＤＰ）も実施した。

こうしたマンデラの政策は黒人だけでなく、白人たちの間でも高く評価されていたのだが、マンデラが引退して政府のほとんどが黒人で占められるようになると白人には住みにくい場所になっていったのである。

とくに農場主だった白人たちは、黒人から暴力を受けるようになり、拷問にかけられて殺害される事件が急増した。また、白人が新しい職に就くことも難しくなり、多くの白人たちは南アフリカを出て他の国に住むしかなくなった。

アパルトヘイト時代は黒人たちが差別されていたが、今度は白人たちが差別される側に立つことになったのである。このような状況になることを誰が予想しただろうか。

2013年に95歳で没したネルソン・マンデラがこうした南アフリカの姿を見ずにすんだことは幸いだったかもしれない。

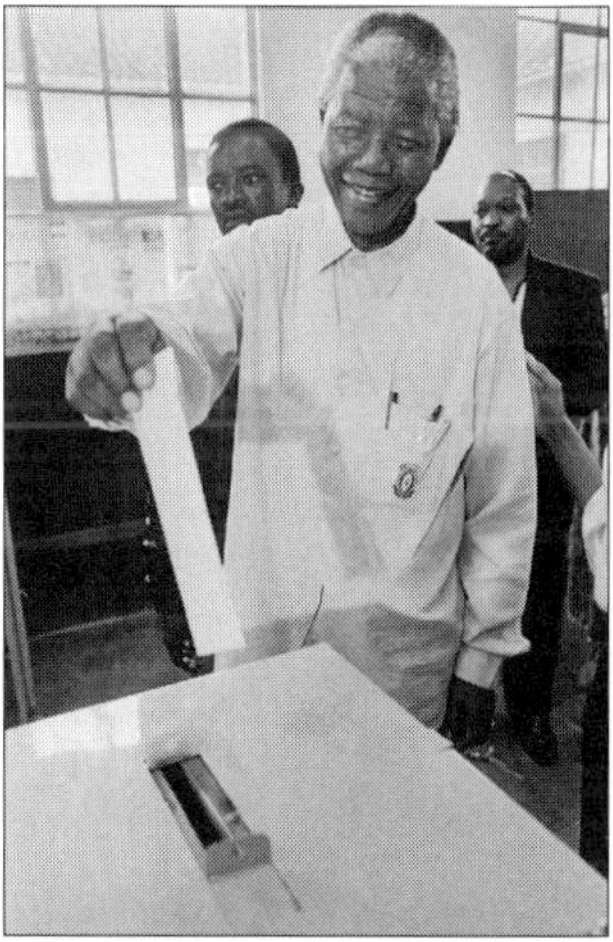

1994年に行われた選挙で投票をするマンデラ

人間を商品として扱った奴隷貿易

■ヨーロッパ人の都合で取引される

アフリカに奴隷海岸という地名がある。現在でいうトーゴ、ベナン、ナイジェリア西部の海岸地帯をさす地名だ。ただし、この場所をこの地名にしたのはヨーロッパ人である。アフリカの人々がすすんでそんな忌まわしい名前にしたのではない。

そしてこの地名こそが、かつて奴隷が商品として扱われていた時代があったことを物語る証拠である。この海岸から奴隷が積み荷として船に乗せられて旅立った。ここはまさに、奴隷貿易の拠点のひとつだったのだ。

アフリカにはほかに黄金海岸、象牙海岸という地名もある。それぞれ黄金、象牙が運び出された場所だったからだ。奴隷も同じように「輸出品」だったのである。

奴隷貿易がおこなわれていたのは16世紀初頭で、この地に最初のヨーロッパ人であるポルトガル人がやってきてから、19世紀に奴隷貿易が廃止されるまでの間である。

では、そもそもなぜ奴隷貿易がおこなわれたのだろうか。

その大きな理由のひとつは、ヨーロッパ人のティータイムである。16世紀以降、イギリスなどのヨーロッパでは紅茶を飲むことが習慣として広がった。そのために需要が伸びたのが、砂糖だ。

砂糖の生産地である西インド諸島やブラジル北東部では、砂糖の大量生産のために労働力が必要になった。

そこで目をつけられたのがアフリカの黒人だった。ヨーロッパ人にとって黒人は神を信じない野蛮な動物であり、労働力として好都合だった。

そこでヨーロッパ人は、カナリア海流に乗って船で西アフリカへ旧式の武器を運んだ。その武器は、アフリカの部族に渡された。部族間では争いが多かっ

奴隷を競売にかける白人たち

たので、武器は喜ばれた。ヨーロッパ人はその代償として多くの黒人を得て、その黒人たちを奴隷としたのだ。

奴隷たちは船に乗せられ、今度は南赤道海流に乗って西インド諸島やブラジルへ向かい、そこで下ろされて労働力になる。そして今度は船に砂糖を積み込んで、メキシコ湾流と北大西洋海流に乗ってヨーロッパへ戻るというわけだ。

このように、ヨーロッパ・西アフリカ・西インド諸島の3カ所を三角形を描くように船で移動するために、「三角貿易」と呼ばれた。

たしかにそれはヨーロッパ人には都合がよかった。しかし黒人たちにしてみれば、人間としての尊厳をまったく無視した非人道的な仕打ちだったのだ。

■いまだに消えない奴隷貿易の影響

むりやり港に連れてこられた黒人たちは奴隷貯蔵庫に押し込まれ、体に焼印を押された。積み込まれる船も小さなもので、天井が自分の身長よりも低い船倉にぎゅうぎゅう詰めにされ、足には逃亡できないように鎖がつけられていた。

水も食事も満足に与えられず、船旅の途中で死ぬ者があとを絶たなかった。死ねばそのまま海に捨てられるだけだ。

病人が生きたまま捨てられることもあった。その分、奴隷商人たちには保険金が支払われた。奴隷には、人間の尊厳などなかったのだ。

無事に到着しても、ただ苦役だけの日々が続く。ろくな賃金も与えられずに重労働をさせられ、病気になればそのまま死んでいく。まさに家畜以下の扱いを受けていたのである。そのような犠牲の上に、ヨーロッパの文化は栄えていったのだ。

こうして犠牲になった黒人の数は正確にはわかっていない。1000万人とも2000万人ともいわれている。

しかも、奴隷として連れていかれるのは、働きざかりの男性が中心である。それはアフリカにとっては大きな損失となり、経済的、文化的な停滞の原因にもなった。現在でもアフリカに貧困国が多いのは、奴隷貿易が大きな原因のひとつなのである。

ヨーロッパ中心の世界観が生み出した恐ろしい歴史の暗黒面は、今もそのような形で、人類に大きな爪痕を残しているのだ。

白人に奪われたオーストラリア大陸

■絶対に合格できない移住テスト

ある国に移民したければ、〝書き取りテスト〟を受けて合格点を取らなければならない——。これは現実におこなわれていたことである。オーストラリアでの話だ。

オーストラリアでは19世紀半ばに金鉱が発見されて、ゴールドラッシュの時代を迎えた。このとき、大量の中国人鉱夫が仕事を求めて移住してきた。

さらに19世紀後半には、クイーンズランド植民地のサトウキビ農園に太平洋諸島のカナカ族が大量に流入した。

このままでは移住してきた外国人に仕事を奪われてしまう。そう警戒した白人は、中国人やカナカ族の流入を制限する法律を次々と作って、流入を食い止めようとした。

１９０１年にオーストラリア連邦が成立すると、「移民制限法」という法律が作られ、移住希望者は書き取りテストに合格しなければ移住が許されないという制度ができたのだ。

移住者が使用していない言語を用いたテストがおこなわれたので、ほとんどは不合格になった。つまり、「合格すれば移住を許可する」というのはあくまでも建て前であって、じつは「誰も移住は許さない」ということを意味していたわけだ。

このように、国内の白人を守り、経済的破綻を食い止めようとする白人中心主義は「白豪主義」と呼ばれた。それは白人以外の人々に対する差別意識を生み出し、白豪主義が始まる以前からすでにオーストラリアに移住していた移民たちに対しても、雇用や社会保障、選挙権などに関して厳しい制限が設けられていったのだ。

白豪主義の考え方が内外の批判を受けて弱まっ

「盗まれた世代」と呼ばれる子供たち

てきたのは、ようやく60年代になってからのことだ。75年以降はインドシナ難民を大量に受け入れるなどしており、白豪主義は過去の遺物となりつつある。

■親元から離された子供たち

ところが、オーストラリアにはもうひとつ、ある特定の種族を根絶させるために作られた政策がある。それはアボリジニの隔離政策だ。

1910〜70年にかけて、先住民アボリジニの子供たち、とくに白人とアボリジニとの間に生まれた子供を親元から強制的に引き離し、施設に収容するようになったのだ。

この政策の犠牲になった子供たちは「盗まれた世代」と呼ばれ、今でもオーストラリアでは深刻なタブーとなっている。

このアボリジニ隔離政策は、「白人こそが優れた人種であり、アボリジニは人間的に劣っている」という間違った優生学思想から生まれたものである。

隔離された子供たちは白人社会で教育を受け、アボリジニの文化についてはまったく知らされない。それどころか、隔離され収容された施設で、白人から虐待を受けることも珍しくなかった。

「盗まれた世代」は全オーストラリアで約5万5000人もいたとされる。これはアボリジニの子供の3人にひとりに当たる。

ヨーロッパ人がオーストラリア大陸を「発見」したとき、アボリジニの人口は約30万人、約700の部族があったといわれる。

しかし、ヨーロッパ人が持ち込んだ病気によって死者が相次いだうえ、スポーツハンティングの標的にされるなどして、急速に人口が減少した。1828年には開拓地に入り込むアボリジニを白人が自由に捕えて殺害してもいいという法律までできた。

こうしてアボリジニの人口は当初の約1割まで激減した。そのような状況のなかでとられた隔離政策は、アボリジニを絶滅の危機にさらしたのだ。

じつは2008年、オーストラリア政府は、この隔離政策が誤りだったことを認めて正式に謝罪した。これはオーストラリア白豪主義そのものの誤りを認めたとも受け取ることができる。しかし、現実にその犠牲になった人々はまだ国内に大勢存命しており、オーストラリアの深刻な汚点となっているのだ。

2000年続いた差別・カースト制度

■ラブレターを書いたせいで殺された少年

2008年、インドで起きたある残忍な事件は、世界にはまだまだ差別や身分制度という悪しき慣習が残っているという恐ろしい事実を再認識させた。

その事件とは、15歳の少年が自分よりも下級カーストに属する少女にラブレターを書いたために、相手のカーストに属する人々から逆恨みされ、無残にも虐殺されてしまったというものである。

登校途中に拉致されたその少年は、髪を刈られて車で通りを引きまわされたあげく、生きたまま走行中の列車に投げ込まれている。まるで大罪を犯したかのような残忍な仕打ちである。

犯人グループはすぐに逮捕されたが、そのなかには事件の一部始終を黙認していた警察官が含まれていたという信じられない報道もあったのだ。

中国に次いで世界第2位となる13億の人口を持つ大国・インド。その闇の部分ともいえる「カースト制度」の実態とは、はたしてどのようなものなのだろうか。

低カーストの人々

■掟破りには厳しい制裁が加えられる

インドにカースト制度と呼ばれる身分制度があることは、世界史の教科書に登場することからもすでにおなじみだろう。

紀元前13世紀頃、インドに侵入してきたアーリア人が先住民を支配するため、みずからを頂点として作った2000年以上続く身分制度である。

カースト制度はバラモン（僧侶・司祭）、クシャトリヤ（王族・武士）、ヴァイシャ（平民）、シュードラ（奴隷民）という4つの階層から構成されるといわれているが、さらにこの制度に入ることすらできないダリット（不可触民）と呼ばれるもっとも差別される人々も存在するため、実際にはインド社会は大きく5つに区分されているのだ。

カーストは親から子供へと代々受け継がれ、ほかのカーストとは結婚どころか、一緒に食事をすることすらも禁じられてきた。その掟に背いた者は、カースト内部で厳しい制裁を加えられる。冒頭の虐殺事件が起きてしまったのも、インド社会に根付いたそんな慣習が一因だったのである。

■少しずつ改善されていくインド社会

とはいえ、独立後のインドで1950年に制定された憲法はカーストによる差別を禁止しており、カースト制度は緩やかではあるが解体へと進んでいる。

経済の自由化政策によって外国企業のインド参入が活発になったことも、インドの近代化に拍車をかけているのだ。

たとえば、日本の自動車メーカーであるスズキは、世界の主要自動車メーカーがインドで販売競争を繰り広げるなかで好調にシェアを保っている。インドでも最大手のマルチ・スズキの2017年度4月～9月のシェアは50・4％となっている。

このスズキの成功の原因が、異なるカーストの従業員たちをひとつにまとめたことにあるのはいうまでもない。

身分の高い子供たち。高位の者にとって、下位の者と血を混じらせることは禁忌だった。

地元民の冷たい視線のなかで、鈴木修社長みずからが手本を示す。インド滞在時には下層カーストの従業員とともに食事をとるなどの地道な努力を積み重ねたのである。

また、IT関連産業におけるインドのめざましい成長もよく報じられるところだが、ITなど近年に急速に発達してきた業界にはさすがにカーストの概念も入り込みづらい。

つまり、カースト制度が存在しないから

こそ、インドの人々はこぞって新興ビジネスに参入し、多くの人々が成功していったともいえるのだ。

その一方で、地元企業においては、下層カーストに属する人々が高いポストに就くことは難しいといった話はいまだに聞こえてくる。

幾多の時代を超えてまでも人々を苦しめてきた悪しき慣習をインド社会から完全に根絶やしにするには、まだまだ時間が必要なのである。

4章　飢餓の黒歴史

無策が生んだエチオピアの飢餓難民

■最貧国状態が続くエチオピア

エチオピアというと、貧困、飢餓、民族紛争など暗いイメージがつきまとう。実際、エチオピアは最貧国のひとつであり、各国からの援助でようやく成り立っているというのが現状だ。詳細が伝わってきていないため、あまり知られてはいないが、エチオピアはこれまでに何度も飢饉に見舞われてきた。

しかし、1972～73年と1984～85年にかけての飢饉は類をみないほど大規模だった。何十万、何百万という単位で餓死者を出したのである。

飢饉の発端は干ばつによる凶作だった。だが、被害をここまで拡大させた責任は政府にもある。エチオピアの人々は、天災と人災という二重の災いに苦しめられてきたのだ。

■なぜ何度も飢饉が起きるのか？

　エチオピアでは国民の8割が農民だったが、その大半が小作農で、懸命に働いても収穫の半分以上を〝年貢〟として納めなければならなかった。人々は手元に残った作物で日々を食いつなぐしかなく、売ってお金に替える余裕などない。民衆は貧困から抜け出すことができないシステムになっていたのだ。

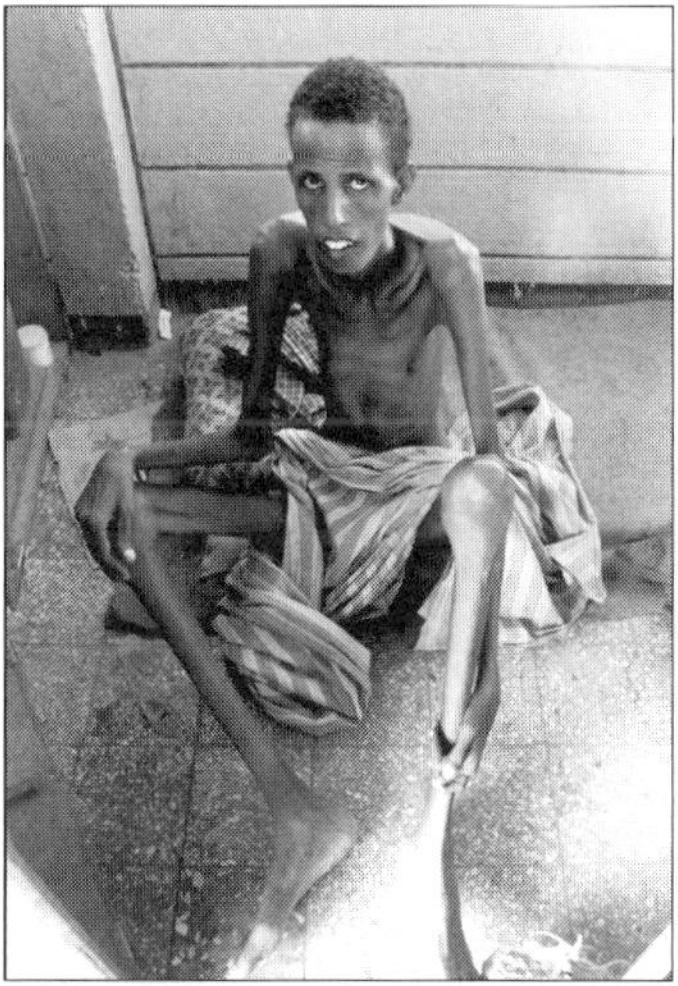

病院で食糧の配給を待つ栄養失調の男性（写真提供：AFP＝時事）

　そして、1972年から翌年にかけてウォロ州、エリトリア州、チグレ州を中心に未曾有《みぞう》の干ばつが襲う。

　このとき、ウォロ州だけでも

10万人が餓死し、その他の州まで含めるとその数は20万人を超えたともいわれている。

そこに追い討ちをかけるように石油ショックが重なり、食料品の価格が高騰した。とはいえ、穀物はなかったわけではない。ただ、金持ちが買い占めてしまい、それを驚くような高値で売っていたのだ。ただでさえ貧困にあえいでいる人々に買える食料などなく、２００万人もが飢餓状態に陥った。

ときの皇帝ハイレ・セラシエは、この窮状に何の手も打たないばかりか、国家の恥をさらしたくないと諸外国に飢饉の現状を隠そうとしたのである。ようやく実態が公表されたのは１９７３年になってからだが、すでに対策を講じるには遅すぎた。

そんな無策の皇帝をクーデターで追放し、次に政権をとったのはメンギスツ・マリアムだ。

共産主義を目指したマリアムはすべての土地を国有とし、小作制を廃止して農民に土地を分配する。しかし、政府は農産物を超低価格で買い取ると決めたため、農民の生活は苦しいままだった。人々の生産意欲は減退し、収穫量も減っていった。

また、干ばつ地域からほかの土地への移住も勧められたものの先住の民族とは習慣も言語も異なるため、うまく共存はできなかった。

こうしたなか、再び干ばつが起こり、北部地域を中心に200万人が餓死したと伝えられている。土地を捨てて首都や周辺諸国へと逃れる、飢餓難民になった者も多い。

じつは、このころすでに救援物資はエチオピアに届けられていた。しかし、物資を運ぶトラックが圧倒的に不足していたのに加え、内戦状態のエチオピアでは、道路は政府軍によって管理されていたのだ。

トラックが動ける範囲も時間も制限されていたため、本当に救助を必要としている飢餓地域には救援物資は届かず、政府軍が制圧している場所だけに食料は集中した。たとえ物資があったとしても、貧しい人々には買うことができない。食料品があふれる店の外では餓死者がごろごろと転がる状態が続いていたのである。

これほど国民が飢餓に苦しんでいたにもかかわらず、セラシエもマリアムも軍事費には大金をつぎ込んでいた。それだけの金があれば、どれほど多くの人々が救われたかわからない。

指導者が代わったとはいえ、どちらも国民の窮状を見捨てるという姿勢は一緒だったのである。

■世界的に広がる飢餓救援の輪

80年代の飢餓状態は世界にも大きな衝撃を与えた。日本では1984年6月に朝日新聞の一面で大きく報じられたのをきっかけに、救援キャンペーンがはじまる。アメリカとイギリスでは、ミュージシャンが集まってチャリティコンサート「ライヴエイド」が開催された。スティービー・ワンダーやマイケル・ジャクソンが歌って世界的大ヒットになった「ウィ・アー・ザ・ワールド」は、このチャリティの象徴ともいうべき曲だ。

こうして救済活動は盛んになったが、マリアム政権が倒れた今でもエチオピアは飢餓にあえいでいる。干ばつなどの異常気象も原因のひとつだが、天候にかかわらず食料不足の貧しい人が400万～500万人もいるのだという。舗装道路が整っていないため、支援物資が届かない場所も多い。

エチオピアにとっては貧困の克服こそが、飢餓から脱する唯一の手段だといえるのかもしれない。

ソ連が起こしたウクライナ大飢饉

■なかったことにされてきた大飢饉

１９３２～３３年にかけて、旧ソ連政権下のウクライナで大飢饉が起きた。このときの餓死者は少なく見積もっても７００万人にのぼったと推定されている。これは、当時のウクライナの人口の20％近くに相当する数だ。

ところがこれだけの犠牲者を出しながら、この飢饉については近年まで詳細が明らかにされていなかった。当時の最高指導者だったスターリンも、それに続くソ連政府もこの事実を認めていなかったからだ。

また、諸外国も「飢饉はなかった」というソ連の言葉を鵜呑みにしてしまい、さしたる関心も払わなかったのだ。

じつは、ソ連には飢饉の事実を隠しておきたいある理由があった。この悲劇はスターリンの強引な政策によって人為的に引き起こされたものだったからだ。

もともとウクライナは「ヨーロッパの穀倉」といわれるほど豊かな穀倉地帯だった。ヨーロッパの市場に出回る穀物のおよそ半分は、ウクライナと北カフカースがまかなっているほどだったのだ。

それを一変させたのが、スターリンによる農業の集団化である。

■700万人を餓死させた「集団化」

スターリンは人でもモノでも、すべては国家が掌握するべきだと考えていた。そこで農民を強制的に「コルホーズ（集団農場）」へと加入させ、家畜も農作物も国の所有物にしようとした。

この措置に対して、農民たちは没収される前に家畜を売り払ったり、食用にしたり、あるいは畑に火をつけて収穫ができないようにしてしまうなどの抵抗をした。このときウクライナの家畜は半数にまで減ったという。

しかし、そのように抵抗する者も拷問や弾圧を受け、いやおうなくコルホーズに組み込まれていった。この集団化が急速に進んでいったのが、1930〜31年にかけてである。

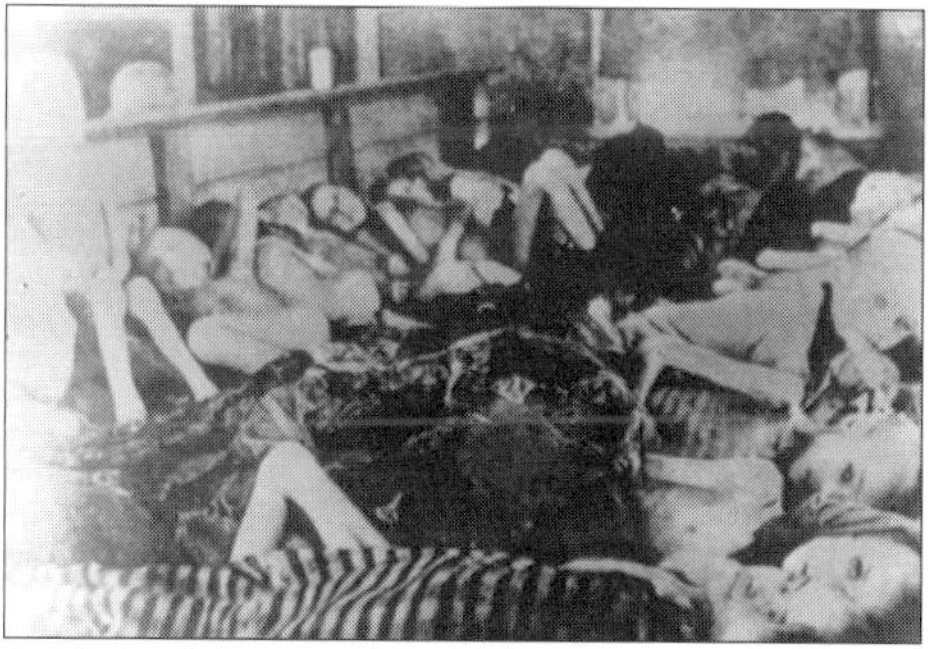
かろうじて生きている飢えた子供たち

そして、スターリンはこれらの締めつけをエスカレートさせていく。集団化への抵抗や天候不順などによって収穫量が減っていたにもかかわらず、次々と法外な農作物の供出を要求したのである。

その要求に応えられなかった者は自分たちの食べるものまで奪われ、食物を隠したり盗んだりした者はたちまち銃殺された。

1932年の冬からすでに死者は増えはじめていたが、大量の餓死者が出るのは翌年の春からである。

売れるものはすべて売り払い、樹皮やねずみも食用にした。ある家庭の鍋のなかには、長靴の革のようなものまで入っていた。

さらには、家族を殺してその人肉を食べたという話も多く伝えられている。やせ細って目ばかりをぎらぎらとさせた人々の身体は、あちこちから膿が吹き出して異臭を放つ。動けなくなった身体にはやがてウジがわき出していた。

あまりにも多くの人が亡くなるため、遺体は無造作に溝に投げ込まれた。首都キエフへと到着した列車は、途中で回収した遺体で満杯になっていたという。

スターリンは農業の集団化で生産量の飛躍的な増加を見込んでいた。工業化を目指す第1次五カ年計画を実現するためには、穀物の輸出が重要な資金源だったのだ。

だが、現実には農民は財産も土地も自由も奪われ、ただ搾取されるだけで生産量などまったく上がらなかったのである。

■やっと明らかになりはじめた真実

長い間、ウクライナの悲劇は公的には存在しないものとされてきた。今日でもロシアの歴史書では語られることが少ないという。

しかし、一方で真実を明らかにしようという動きもある。ソヴィエト史家のイギリス人ロバート・コンクエストは著書のなかで、この一件をスターリンの飢餓テロだと断言した。

また、ウクライナ議会は2006年に、この飢饉は「ソ連によるウクライナ人民へのジェノサイド」だと認定する法案を可決している。

とはいえ、ロシア側とウクライナ側では大飢饉についての見解に隔たりがあり、真相解明はまだはじまったばかりだ。

ウクライナの都市ハリコフでは、道端に死体が転がっていても通行人はほとんど興味を示さなかったという。

日本史上最悪の「江戸の三大飢饉」

■大凶作をもたらした小氷河期

現在でも冷夏、猛暑、日照不足、大雨など、天候の不順や自然災害は農作物の生育に大きな影響をおよぼす。そのため野菜などが品薄や値上がりになることも多いが、江戸時代の飢饉はそんな生やさしいものではなかった。

とくに、享保、天明、天保に起きた飢饉は、何万もの餓死者を出すほど大規模なものだった。

１７３２（享保17）年に起きた「享保の飢饉」では、稲の害虫であるウンカが大発生し、稲が食い尽くされてしまった。ウンカの被害は西日本が中心だったものの、米不足は全国に波及したのである。

このときの餓死者は幕府の記録によれば97万人近くに上るが、これはかなり誇張された表現だ。それでも、１万２０００人が餓死し、およそ２５０万人が飢えに苦しんだという。

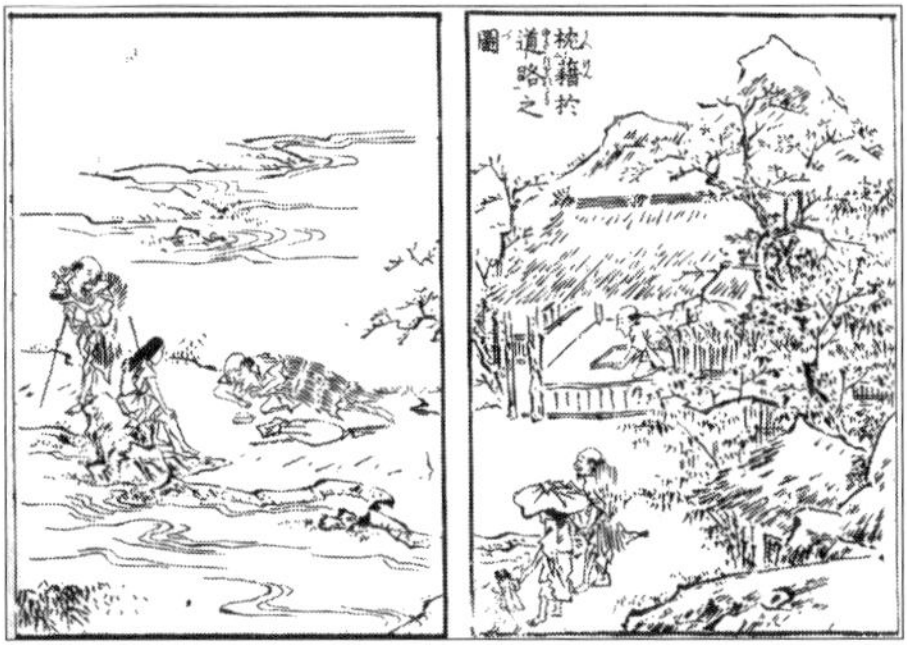

飢人行き倒れの図（建部清庵『民間備荒録』より）

「天明の飢饉」はその50年後、１７８２（天明２）年からはじまる。この年は雨が多く、各地で洪水の被害が出た。翌年も冷夏だったが、そこに追い討ちをかけたのが浅間山の大噴火である。すさまじい火砕流が１０００人以上もの命を一気に飲み込んだが、被害はこれだけではすまなかった。

噴き上げられた火山灰は空高く舞い上がり、関東や東北にまで広がっていったのである。太陽の光は灰に遮られ、冷夏に拍車がかかった。

この影響で作物は大凶作になり、多くの餓死者が出た。とくに東北地方の被害が大きく、津軽藩では十数万人、仙台藩では40万人もが餓死したと伝えられる。白骨だけを残し、まるごと全滅してしまった村もあったという。

天保年間には、さらに類をみないほど長期間の飢饉に見舞われる。

１８３２（天保３）年からはじまった凶作は、4年後にピークに達し、東北だけでも数十万人の餓死者を出した。

じつは、この異常気象は小氷河期の影響だったとみられている。小氷河期はすべてが凍りつくほど低温ではないものの、短期間に急激に気候が変化することが特徴だ。天明、天保の飢饉の際にはまさにこの小氷河期に入っており、夏でも綿入れの衣服が必要なくらいの寒さだったのである。

また、人々を襲ったのは飢えばかりではない。飢饉のときには、たびたび腸チフスや赤痢などが発生し、こうした疫病によって命を落とした者も少なくなかった。

飢饉に襲われた村々では、妻や娘を女郎に売り飛ばす、家に火をつけて食料を奪う、口減らしのために子供を殺すなどの行為が横行した。

雑草や木の皮さえ手に入らなくなった人々は、犬、猫、馬を食い尽くし、はては身内を手にかけてその人肉を食らう者さえあったという。まさに地獄のような光景が繰り広げられたのである。

幕末の打ちこわしの様子を描いた絵（細谷松茂画）

■民衆の怒りがついに爆発する

凶作は米価の異常な高騰を引き起こした。たとえば、天明の飢饉ではおよそ1年間で米価は6倍以上にも跳ね上がっている。ただでさえ食べるものがないなか、こんなに値上がりしたのでは貧しい者は米を買えない。農村だけでなく、都市部でも餓死者が出た。

ところが、強欲な商人は高値で売れるとばかりに米を買い占め、多くの藩主や幕府の要人らは自分たちの食いぶちを確保するのに必死で、ろくな救済策もとらなかったのだ。

なかには、困窮する領民を尻目に、買い集めた米を商人へ高値で売りつけて儲けた役人もいたという。

当然のことながら、米が買えない人々は不安や不満を募らせた。そして、それが「一揆」や「打ち壊し」という行動になって噴出したのである。享保の飢饉の際には、将軍のお膝元である江戸でも初めて打ち壊しがあったくらいだ。

天保の飢饉の際には、幕府は米不足に何の手も打たないばかりか、大坂から江戸へと米を回送させようとする。これに怒った陽明学者で大坂町奉行所の役人だったこともある大塩平八郎は民衆を率いて反乱を企てている。

結局、反乱は失敗したが、この動きは全国に波及する。越後柏崎では国学者の生田《いくた》万《よろず》が反乱を起こし、農民一揆が活発化したのだ。

危機管理を怠った幕府に対する信用はガタ落ちになり、幕府は急いで体制の立て直しをはからざるをえなくなったのである。

アイルランドのジャガイモ飢饉

■主食のジャガイモが全滅する

ジャガイモといえば、どこの家庭でもみかけるおなじみの食材だ。

ヨーロッパに伝えられた当初はあまり人気のある野菜ではなかったが、やがてアイルランドでは主食の座を獲得するほどポピュラーな食べ物になった。

だが、このジャガイモ好きが悲劇を招いたことがある。アイルランド人の食を支えてきたジャガイモが、「グレート・ハンガー」と呼ばれる大飢饉の原因となってしまったのだ。

アイルランドでジャガイモ作りが盛んになったのは、気候や土壌が向いていたこと、あまり手をかけなくても成育すること、それに保存が容易なことが理由である。

また、当時の社会状況も大きく関係している。アイルランドはイギリスに併合されて以降、イギリス人の不在地主のもとで小作を余儀なくされていた。そして、麦の栽培には地代がかかるのに対して、ジャガイモには地代がかけられなかったのだ。こうして急速にジャガイモの栽培が増えていき、貧しい農民たちの主食となっていった。

そんなアイルランドを悲劇が襲ったのは1845年のことだ。この年の7月、ベルギーでジャガイモの疫病が発生し、8月にはパリやイギリス南部でも感染がみられた。とはいえ、このときにはまだアイルランド人は対岸の火事として楽観視していたのである。

しかし、疫病はアイルランドを見逃してはくれなかった。10月には畑のジャガイモが腐っているのが発見されたのである。ジャガイモの収穫量は半分にまで落ち込んだ。ただ、ジャガイモの蓄えはまだ十分にあった。飢饉が深刻さを増してくるのは、それを食べ尽くしてしまった数ヵ月後のことだ。彼らは種イモにまで手をつけはじめたのだ。

植えつけできる種イモが減ってしまったとはいえ、翌年に順調に収穫できていたなら、それほどひどい被害は出なかっただろう。しかし、再び疫病が襲ってきたのだ。この年のジャガイモはほとんど全滅に近く、前年の収穫もない彼らにはもう食べるものがなかった。

この時期、ヨーロッパ中が穀物の不作にあえいでおり、イギリス政府はアイルランドを救済する余裕などなかった。政府はジャガイモのかわりに穀物を食べるようにと通達するだけで何の対策もおこなわなかったのである。

現在もアイルランドの首都ダブリンに立つ飢餓の像

商人は穀物を買い占め、高値でそれを売りつけた。貧しい者の口に入る穀物などあるはずもなく、わずかばかりの作物で食いつなぐしかなかったのだ。

さらに、この冬は厳しい寒さが人々を襲った。風雪にさらされて死ぬ者、わずかな給金を求めて街へ働きに出る者が続出し、畑は荒れ果てた。

まともな病院もないなかで熱病が蔓延し、貧民救済所は人々であふれかえった。道端にはごろごろと遺体が転がり、それをネズミがむさぼり食らう。誰にも遺体を埋葬する力など残ってはいなかったのだ。

1847年には天候は回復したが、飢えた人々を救えるだけの収穫はなかった。そして、翌年にはまた疫病が発生し、ジャガイモは壊滅的な打撃をこうむったのである。

■国外へと脱出した難民たち

ジャガイモの疫病がようやく収束するのは1851年になってからのことだ。それまでに餓死した人数は正確には把握されていないが、100万人は下らないだろうといわれている。飢饉や熱病、政府の無策がこれだけの被害をもたらしたのだ。

しかし、黙って死を待つだけの者ばかりではなかった。荒廃した土地を捨て、国外へと脱出をはかった人々もいたのである。

1850年代後半には移民はピークに達しており、大飢饉の間にアイルランドからは150万人もが流出していった。疫病が治まってからも去る者は後を絶たず、なんと半世紀ほどの間にアイルランドの人口はほぼ半分にまで落ち込んだのである。

1700万人を餓死させた「大躍進」

■でっちあげの報告が招いた地獄

1949年から30年近くにわたって、中国はひとりの人間によって動かされていた。毛沢東《もうたくとう》だ。

中国国内では建国者とか終身指導者という呼び方があるが、どちらかといえば大いなる独裁者といったほうがふさわしい人物である。当時は人民のためを思って行動していると主張していたが、彼の考えと人民の意思とはまったくかけ離れていたからである。

毛沢東の指揮の下、1958〜60年にかけて大躍進運動が展開される。ソ連のフルシチョフが「15年以内に主要産物の生産量でアメリカを追い越す」と宣言したのに対抗して、「中国は15年以内に鉄鋼でイギリスを追い越す」とぶち上げたのだ。

そして、この同じ時期、中国では20世紀最大といわれる大飢饉が起きた。餓死者の数は正確にはわからないものの、少なく見積もっても1700万人。4000万人にのぼるという説もあるほどだ。

ちなみに当時の「人民日報」は、2年連続して甚大な自然災害が起きたため、国民経済が深刻な状況に陥ったと伝えているが、これは真実ではない。

たしかにいくつかの自然災害はあったものの、大凶作になるほど大きなものではなかった。

しかも、食料はなかったわけではない。それにもかかわらず、なぜ多数の人々が餓死しなければならなかったのかというと、その元凶は毛沢東の政策にあったのである。

大躍進運動のせいで農民も鉄鋼の生産に駆り出され、田畑を耕す労働力が減ってしまったのだ。

作物が実っても、それを収穫する人手も暇もなかったうえ、田畑も家畜も国家に召し上げられて、生産物は配給制になる。いくら豊作になっても、それが自分の懐に入らないとあっては、農民の労働意欲も低下するのは当然だろう。

こうして生産量が減っているのに、役人らは毛沢東に気に入られようとして実際よ

労働に参加する大躍進時代の中国の子供

りも水増しした生産量を報告したのだ。

生産高が多ければ、それだけ国に納める作物も増える。帳尻を合わせるために農民は酷使されたが、それだけでは足りずに人民に配給されるはずの食料までが国に回されたのである。

食料を隠していないかどうか、徹底的な〝犯人捜し〟がおこなわれ、絞り取るものがなければ身につけていた衣服まではぎ取られることもあった。

やがて家々の周囲には草木が1本もなくなり、木は丸裸になった。みな食べ尽くしてしまった。

道の至るところには、のたれ死んだ者の遺体が転がっていた。食べ物を盗んで殴り殺された者も少なくない。父子3人で暮らしていたある家では、娘が家に帰ると弟の姿が見えず、ぎらぎらとした油の浮いた鍋だけが残されていたという。

身の毛がよだつような話だが、これに似たようなことはあちこちでおこなわれていたらしい。あまりのひもじさが人々を狂気へと駆り立てていたのだ。

人々にはもう政府に抵抗する力など残っていなかった。ただ、じっと死を待つしかなかったのである。

■遅すぎた救済策

こうして人民が餓死していくなか、政府の蔵には食料がうなるほどあった。

じつは、1958年と1959年の2年間、穀物だけで700万トンもの量が輸出されていたのだ。それに加えて、肉や卵などほかの食料も輸出していた。これだけあれば、何百万人もの命が救えたはずである。

1960年末、ようやく実情を理解した周恩来の決断によって食料が輸入されることになる。ひとりずつ分配すればわずかな量ではあったが、それでもなんとか飢えをしのぐことはできた。

しかし、この決断は遅すぎた。食料が届いた頃には、すでに大量の人々が餓死していたのである。

毛沢東は、この事態をいっさい把握していなかったのだろうか。理想を実現するためには犠牲が出るのもやむを得ないという発言をしていることから、おそらく実情はわかっていたはずである。だが、それを見てみぬふりをしていたのだろう。

この飢饉は毛沢東の政策による人災だったといえるのかもしれない。

5章　経済の黒歴史

1日で11人が自殺した世界恐慌

■空から次々と人が降ってくる

夢があれば生きていけるのか、それとも、やはりお金がなければしょせん人は生きてはいけないのか――。

そのあたりの判断は個人にまかせるが、世界の経済史の中では大規模な不況が発生した影響でパニックが起きたことがある。

1929年10月24日、アメリカ経済の中心地であるウォール街での株価大暴落をきっかけとして起こった「世界恐慌」である。

第一次世界大戦の主戦場となりダメージを受けたヨーロッパ諸国に代わって、アメリカは重工業や自動車産業で大成功を収める。株式市場には豊富な資金が流れ込み、株取引による投機ブームが起きてアメリカ経済はかつてない成長を遂げた。今でいうところの〝バブル経済〟である。

しかし、相次ぐ自己資金をはるかに超えた取り引きによって投資家の借金は膨らんでいき、さらに株価の上昇も限界に達すると市場は売り一色となり、株価は一気に暴落してしまったのだ。

1929年10月24日のウォールストリートの様子

たった1日で紙くずとなってしまった株券によって、多くの投資家が財産を失ってしまう。のちに「暗黒の木曜日」といわれることになる10月24日のその日だけでも、ウォール街では11人もの金融業者の自殺者が出ているのだ。

その後、アメリカ全土で失業者は1000万人を超え、破産に追い込まれてみずからの命を絶つ者は後を絶たなかった。

当時のこの悲惨な状況を皮肉って、冒頭の「ウォール街でビルの窓から外を見ようとすると、次々と降ってくる人ばかりが見えた」という、なんとも笑うに笑えない噂も飛び交ったのである。

■靴みがきの少年が予言した不況の影

また、この恐慌は世界各国に波及し、全世界で約２０００万人が次々と失業したといわれている。

自国の利益を優先すべく国際協調は崩れ、ナチ党が支配するドイツの台頭をはじめとして、イタリアではファシスト党が政権を握るなど、第二次世界大戦の引き金ともなる政変が重なっていく。

さらに、関東大震災で弱体化していた日本経済にもこの世界恐慌は致命傷を与え、その直後から「満州事変」や「二・二六事件」など、軍国主義へと傾倒していく数々の事件が起こったのである。

ところが、この経済危機からからくも難を逃れた人物がいる。それが、アメリカ大統領ジョン・Ｆ・ケネディの父にあたるジョセフ・ケネディだ。

著名な投資家だった彼は、大恐慌が起きる数日前、街の靴磨きの少年から、「どの株が上がるんですか？」と話しかけられ驚愕する。
「年《とし》端《は》のいかない子供でさえ株価は絶対に上がると信じ込んでいるとは……。こんな状況は異常である」

無料の食事を求めて列を作る人々

そんな危機を感じた彼は、すぐさま保有していた株式のほとんどを売却している。これが吉となり、結果的に彼の手元には財産が残ったのである。

ちなみに、当時のアメリカ合衆国大統領フーヴァーは、「不況はしばらくすれば回復する」という姿勢を崩さなかったため、恐慌の被害はより深刻なものとなった。

すべてを失った失業者達は、拾った木切れで粗末な小屋を建てて暮らすしかなかった。人々は大統領への批判を込めて、彼らの集落を「フーヴァー村」と呼んだのである。

2億%のジンバブエ・ハイパーインフレ

■独裁国家がつくりあげたインフレ

近年、先進国などではキャッシュレス化が進み、スマートフォンさえあれば現金もカードも持ち歩かなくていい地域がある。

ところが、アフリカ大陸の中央部に位置するジンバブエでは、かつて一般市民が普通のレストランで食事をするために、どれだけ紙幣を積み上げても料理にありつけないという時代があったのだ。

それもこれも、約2億%という天文学的なインフレ率を記録したこの国の〝ハイパーインフレ〟が原因なのである。

現地の言葉で「石の家」を意味するジンバブエは、１９１０年代からイギリスの植民地支配を受けてきた。１９８０年にはジンバブエ共和国が成立してようやく独立を果たしたものの、その後、「世界最悪の独裁国家」という不名誉な評価を与えられてしまうことになる。

その独裁者とは、独立戦争の英雄として独立当初から首相に就任し、その後、大統領となって2017年までその座に君臨し続けていたロバート・ムガベである。

ムガベ大統領の政策は、国内外から批判を受けるものが少なくない。隣国のコンゴが内戦状態になった際には1万人の派兵をおこなっているが、この派兵に注力しすぎたことにより、自国の政治や経済情勢が悪化していったともいわれている。

とくに、2000年からおこなわれた「ファスト・トラック」はこのハイパーインフレの最大の要因となってしまった。このファスト・トラックとは、国内で白人が所有していた大農場を取り上げ、黒人農民に分配するという政策である。

この半ば一方的な政策により、イギリスやアメリカはジンバブエへの支援を打ち切ってしまった。さらに、これによって白人の持っていた農業技術も失われてしまい、農業生産は急激に低下してしまうのである。

国の主要輸出品目であった農作物の生産が落ちこんでしまうと、ジンバブエには外貨が入らなくなる。不安定な社会情勢のなか、ジンバブエドルの価値はさらに暴落していった。

とはいえ、市民生活に必要なものは海外からの輸入に頼らざるを得ないこの国では、外貨を手に入れるために中央銀行はジンバブエドルを発行するしかなかった。

このように紙幣ばかりが市場に増えていき、うずを巻くようなインフレスパイラルが起こっていったのである。

■ついに発行された100兆紙幣

このハイパーインフレによって、ジンバブエでは異様な光景が繰り広げられた。パン1斤を買うために数兆ジンバブエドルを支払わなくてはならないという暮らしのなかで、人々は粗末なヒモで縛られた札束をいくつも抱えて買い物に行ったのである。どれだけお金があっても商品が手に入らない。ジンバブエ国民にとっては、紙幣はただの紙切れ同然だったのである。

もちろん、過剰な紙幣の流通量を抑えるべく、ジンバブエ政府は何度となく通貨の切り上げであるデノミネーションを試みた。２００９年には、１兆ジンバブエドルが

100兆ジンバブエドル札

1ジンバブエドルになるという最大で12ケタの切り下げもおこなわれている。ところが、それでもインフレは収まらず、最終的には100兆ドル紙幣が発行された。ゼロが3つか4つという紙幣に慣れている日本人にとって、14個のゼロが立ち並ぶ紙幣を見せられたところで、ゲームに使われるおもちゃのお金にしか映らないだろう。

ちなみに、現在ジンバブエドルは市場には流通しておらず、ジンバブエ国内では安定したアメリカドルなどが使用されている。

お金が社会においてどれほど曖昧なバランスの上に成り立つ〝交換券〟にすぎないか、そんなことを改めて考えさせられる事件である。

バブルに踊った日本経済の深い傷跡

■日経平均史上最高額を記録した日

1989年12月29日。その夜のテレビやラジオのニュース番組では、驚くべき数値が報じられ続けた。日本の株価の指標となる日経平均株価が、算出して以来の最高値となる3万8915円を記録したのである。

80年代半ばの不況への対策として、日銀は金利引き下げの政策をおこなった。金利が下がったことにより、一般企業は銀行や金融機関からの融資を受けやすくなり、景気は回復の兆しを見せる。さらに、日銀はその後も低金利政策をとり続けたため、日本経済は「カネ余り」の状態となったのだ。

企業や投資家は余った資金を株や土地、不動産の購入に回したため、株式市場や不動産市場などの国内市場には空前の投機ブームが巻き起こる。株価や地価はあっという間に上昇し、やがて日本は「バブル経済」に突入したのである。株価が高値をつけた背景には、そんな社会状況があったのだ。

「平成景気」と名付けられたこの好景気は、1965～70年にかけての「いざなぎ景気」に次ぐ戦後3番目の好況期間といわれている。

人々はこぞって国産の高級車や外国車を買い求め、ド派手な内装のカフェバーやディスコが乱立する夜の繁華街では、明かりの絶えない夜が連日のように続いた。

また、今となっては考えられない、「住宅すごろく」という言葉が使われたのもちょうどその頃である。

若いうちに小さなマンションを購入し、それを下取りに出す。そこから得た差益でより高いマンションを購入し、それを繰り返すことで最終的には理想の一戸建てを手に入れる。まさにゲームのような感覚で不動産が売買されていたのだ。

バブル絶頂期の東京証券取引所（写真提供：時事）

企業でも経営拡大のため広く人材の募集をおこない、「超売り手市場」といわれた当時の大卒求人倍率は2倍を大きく越えた。学生が複数の企業から内定を受けるのは当たり前で、企業は学生獲得のために内定者を「研修旅行」に連れ出し、他企業と連絡がとれないよう隔離状態に置くといった現象も起きた。

さらに、1987年2月には民営化したNTTの株式が上場。160万円というウソのような値がつけられたこの株は、バブル期のマネーゲームの象徴だった。何ひとつとっても、現在のデフレ社会からは信じられないような〝バブル絵巻〟が繰り広げられていたのだ。

■バブル崩壊後の傷跡

ところが、高騰を続ける地価を抑えるため、政府は1990年3月に不動産業界への融資を規制する行政指導をおこなう。日銀も一転して金利の引き上げをおこない、これによって地価は急落。株価も面白いように値を崩していき、1990年10月には最高値からわずか9ヵ月で日経平均が2万円割れを記録してしまうのだ。

金融機関が企業に融資した資金の多くは返済されないまま「不良債権」となり、倒産に追い込まれる銀行もあった。

これによりバブル経済はまたたく間に崩壊し、それまで上昇を続けていた地価、株価、求人倍率など好景気を示す数字はすべて右肩下がりとなる。日本経済は「失われた20年」と呼ばれる平成不況に陥ったのである。

バブル崩壊後は、金融機関により「貸しはがし」や「貸し渋り」などの引き締めが相次ぎ、資金繰りが滞《とどこお》った企業は大規模な従業員の削減をおこなった。それでも持ちこたえられない企業は倒産、中小企業の経営者が首を吊るケースが後を絶たなかった。

現在では2020年東京オリンピックを前に雇用も促進され、自殺者数も減少している。デフレが長く続いているものの平成不況からは脱出したといえるだろう。

だが若者たちは〝バブル世代〟を反面教師にして、消費することに喜びを感じないという。お金やモノよりも経験やプライベートを重視するようになり、酒離れや車離れなどが起きているのが現状だ。

アジアを大混乱におとしいれた通貨危機

■タイ・バーツの暴落がすべての始まりだった

〝地獄の沙汰も金次第〟というが、その地獄を呼ぶのも金である。

なかでも有名なのは、1929年の世界恐慌だろう。ウォール街に端を発した金融危機がまたたく間に世界中を大恐慌に陥れ、挙句の果てには世界中を巻き込んだ第二次世界大戦を引き起こしたのはご存じの通りだ。

そのほぼ70年後に起きたのが、「アジア通貨危機」と呼ばれる金融危機である。

1997年7月に始まったアジア通貨危機は、タイの通貨であるバーツの暴落をきっかけとして、インドネシア、韓国、さらには日本やロシアにまで波及した。

1980～90年代のタイは、経済成長率が年率8～9パーセント台と急成長を遂げていた。不動産投資などを中心に多額の海外資本が流入していたのである。

ところが、1996年にはアメリカの経済政策の影響もあり、その成長に伸び悩みが見られるようになり、経済成長率は5パーセント台に落ちこんだのだ。

当時のタイをはじめとするアジアの新興国では、アメリカドルと貨幣価値を連動させるドルペッグ制を採用していた国が多かった。ドルと連動させることで、自国の貨幣価値の信用性を高めるためである。

1990年代のアメリカは好景気に沸いており、ドルの価値は上がる一方という状況だった。いわゆるドル高政策を打ち出したアメリカ経済に引っ張られて、アジア諸国の通貨も高値をつけていったのである。

こうなると、アジア諸国にとって重要だった輸出関連事業についてはマイナスの影響が出てしまうことになる。自国の通貨の価値が上がれば、アジアの製品を購入する外国にとっては値上がりしたことになるからだ。

そうなると貿易収支はしだいに赤字に落ち込み、その解消も難しくなっていった。すると、経済成長を見込んで資金を投入していた投資家たちの間にも不安が生まれ、アジア諸国の貨幣は市場での売りに転換していったのである。

■ハゲタカ・ファンドに狙われたアジア新興国

ここで登場するのが、アメリカを中心としたヘッジファンドだ。「ハゲタカファンド」などと称されることもあるファンド会社にとっては、タイの経済情勢は絶好のターゲットになった。ヘッジファンドはドルにつられて過大評価されたタイ・バーツを大量に空売りし始めたのだ。

さらにはヘッジファンドの動向を見て、欧米の金融機関などがいっせいに資本を引き揚げた。市場にバーツが大量に出回れば貨幣価値の下落は避けられないため、タイの中央銀行などがバーツの買い支えを試みた。

しかし、タイ政府の資金力はヘッジファンドと投資家の攻勢を防ぎきることはできなかった。外貨が底をついたタイ政府は、バーツの買い戻しができなくなってしまったのだ。

結局、バーツは56パーセントの下落となり、ドルペッグ制は崩壊し、変動相場制に転換することとなった。

ミャンマー、ベトナム、ラオスなどといったバーツ圏の各国でもその影響は深刻で、各地で企業の倒産やリストラが相次いだことで政情不安も招いてしまう。インドネシアのルピアは81パーセント、韓国のウォンは55パーセントの下落となった。そしてついには、タイやインドネシアでは政権交代という事態を引き起こしたのである。

日本には直接的な影響は少なかったものの、融資の焦げつきが多発して、日本長期信用銀行の破たんといった金融不安へとつながっていった。

少し離れたロシアでも、もともとはかばかしくなかった経済情勢がアジア通貨危機の影響で加速度的に悪化し、１９９８年8月には政府と中央銀行が対外債務の90日間支払い停止を宣言する事態になったのである。

■グローバルマネーは国家さえ破綻させる

その後、アジア通貨危機はＩＭＦ（国際通貨基金）が介入することで終息を迎え、タイをはじめとした各国の経済構造も徐々に改革が進んでいる。

アジア通貨危機によって露呈したのは、民間マネーであってもその額が巨大であれば、国家経済さえも破たんさせてしまうという事実だ。経済大国アメリカの民間企業の猛攻撃の前では、アジア新興国の国力はあまりにも無力だった。

世界情勢は日々刻々と動き、いまだ世界各地では武力闘争が途切れることなく続いている。しかし、巨額マネーを武器にした経済戦争こそが、国家を転覆させてしまう目に見えない脅威となっているといえるかもしれない。

6章　支配の黒歴史

大航海で植民地を増やしたポルトガル

■ポルトガルが大航海時代をリード

今でこそポルトガルといえばイベリア半島の小国だが、かつてはポルトガルがヨーロッパ世界をリードしていた時期がある。いわゆる大航海時代だ。しかし、それは同時に世界各地を植民地化していった時代でもある。

ポルトガルが世界の海に乗り出すきっかけを作ったのは15世紀半ば、エンリケ王子の時代だった。航海王子と呼ばれたエンリケは、航海術や探検に深い興味を持ち、各地の探検を奨励した。

大西洋上のマデイラ諸島、アソーレス諸島、アフリカ西海岸などは、エンリケ王子の命令で船出した探検家たちによって発見された場所だ。

１４８８年にアフリカ大陸南端に到達したあと、今度は東洋の香辛料貿易独占とキリスト教布教の目的でインド洋に進出し、沿岸各地に拠点を築いてムスリムと戦い、インド洋の覇権を握った。さらにマラッカを占領して、東南アジアや東アジアにまで行動圏を広げ、独自の交易システムを作り上げるのである。

■金がとれるブラジルの魅力

アジアへ向かう途中でポルトガルが発見したのがブラジルだった。

1494年、領土争いの末にスペインとの間に交わされた「トルデシリャス条約」によって、西アフリカ沖の大西洋に想定された境界線でスペインとポルトガルとの領土が分割される。そのとき、ブラジルはポルトガルのものになる。

とはいえ、その頃のポルトガルはインド交易に集中していたために、何のメリットもないと考えられていたブラジルにはまったく手をつけなかった。

唯一、海岸沿いに自生している蘇芳《すおう》（パウ・ブラジル）という植物だけがヨーロッパへの輸出品として注目されているだけだった。

ところが、1570年頃から砂糖の原産国として注目されるようになると、ブラジルの存在価値が大きく変わる。アフリカから連れてこられた黒人奴隷たちを使って砂糖を作り、それをヨーロッパに運ぶという三角貿易がさかんになり、ブラジルはその重要な貿易拠点のひとつになったのだ。

さらに、１６９０年が過ぎると内陸部に金鉱が発見された。それ以降は金を目当てにした入植者が相次ぎ、１８２２年のブラジル独立まで、まさに「金の時代」となる。

■イギリスに覇権を奪われる

そんなポルトガル人にとって都合がよかったのは、この地にもともと暮らしていた先住民のインディオたちである。

インディオは金銭欲のないおおらかな民族だった。ポルトガル人はそのことを利用して、安い賃金でインディオをこき使い、さまざまな労働をさせた。ヨーロッパ人は彼らを「高貴なる野蛮人」と呼んだが、無欲で、都合よく働いてくれるインディオを腹の中では侮辱していたのである。

しかし19世紀になると、金の産出量が激減し、ブラジルが独立を達成する。そのために、海上の覇権は完全にポルトガルの手から離れていくのだ。

ナポレオン戦争終結後、世界の海を支配したのはイギリスだった。結局ポルトガルに残されたのは、アフリカのアンゴラやモザンビーク、インドのゴアとディウ、さらにマカオやティモールだけになってしまう。

しかも、それらもまた第二次世界大戦をきっかけにして次々と独立し、もはやポルトガルの過去の栄光は消えていくのである。

ところが近年、興味深い動きがある。ポルトガルが、かつての植民地だったアンゴラに資金を送り込み、貿易額を増やしているのだ。それに伴ってポルトガルからアンゴラへの移住も急増している。

かつて植民地と本国の関係だった両者の、新たな力関係に世界中が注目しているところである。

吊るされる黒人奴隷

「大英帝国」繁栄の影にある暗黒史

■世界最強帝国による強引な植民地支配

ヨーロッパの覇者となる国は、同時に世界各地に植民地を作って世界の覇者も目指そうとする。ナポレオン戦争が終わったあとのヨーロッパで勢力を強め、世界の海の覇権を握ったイギリスも、またそうだった。

大英帝国を築くために、イギリスが新たに手に入れたのは東南アジアのビルマと海峡植民地（後のマレーシア）、香港、そしてオーストラリアとニュージーランド、アフリカのナイジェリア、南アフリカ、そして南アメリカ大陸のフォークランド諸島である。

しかし、その植民地経営は必ずしもうまくいかなかった。かなり強引な経営をおこない、現地の人々の反感を買うこともあった。歴史の教科書にも出てくる有名なセポイの反乱も、そんななかで起こった事件だった。

1857年、イギリス支配下の北インド軍事基地でセポイ達が反乱を起こした。セポイとは、当時インドを統治するイギリスの機関だったイギリス東インド会社が雇っていた傭兵《ようへい》のことだ。イスラム教徒とヒンズー教徒が中心で、現地人がほとんどである。

セポイの反乱を鎮圧するイギリス軍

反乱のきっかけは、ひとつの噂だった。新しい銃の弾薬を包む袋に牛や豚の脂が塗られていると誰かが言い出したのだ。

ヒンズー教徒は牛を神聖視し、イスラム教徒は豚を不浄なものとみなす。もし噂が真実ならば、弾薬を取り出すたびに兵士たちは宗教的タブーを犯すことになるわけだ。

■イギリスから逃れるためのインドの戦い

もともとセポイたちの間には、インドを支配しているイギリスへの根深い不満があった。イギリスはセポイを海外にまで派兵しようとしていたが、セポイたちにはとんでもない話だった。

また産業革命にともなう生産力の増大で、イギリスはインドに強制的に綿製品を売りつけていた。そのために、本来はインドの特産品だった綿産業は壊滅状態だったのだ。

こういったイギリスへの不満に火がつき、ついに大規模な反乱になっていった。戦火はインド全土に広がり、各地でセポイとイギリス軍が衝突した。

しかし、軍隊としてのとれていたイギリス軍に比べてセポイ側はあまりにも貧弱だったために、1859年までには、すべて鎮圧されてしまう。

そして、この反乱をきっかけにしてインドは、東インド会社が統括する植民地からイギリス国王の直接支配下へと移る。

これに対してインドでは、イギリスからの独立を目指す動きが活発になり、やがて長年にわたるインド独立闘争へとつながっていくのである。

■絶滅させられたタスマニア人

一方、イギリスは、オーストラリアでも蛮行をおこなっている。

１８０３年、オーストラリアに入植したイギリス人は、タスマニア島という島で先住民族であるタスマニア人と出会う。あとからオセアニア大陸にやってきたイギリス人は、原始的な生活を営んでいた温和なタスマニア人を、まるで動物を狩るように銃殺していった。

タスマニア人最後の生き残り。現在は１人も残っていない。

とくに１８３０年に始まった「ブラックライン作戦」は、まさにタスマニア人絶滅作戦だった。１８０３年には３０００人から４０００人はいたと思われるタスマニア人は、この作戦の決行により１３５人にまで激減してしまう。

そしてその生き残りはタスマニア島北東の島に強制移住させられ、むりやりキリスト教や欧州文化を植えつけられる。

このような蛮行を受けたタスマニア人たち

には、もはや民族として生き長らえたいという希望は残っていなかった。

その後タスマニア人は増えることはなく、1876年には最後のひとりが死去したのだった。こうしてタスマニア人という民族がイギリス人の手によって地上から絶滅させられたのだ。

帝国主義という名のもとに、世界各地で植民地を増やしていったイギリスだが、その進出の陰では、数え切れない惨劇が繰り返されていたのである。

「飢餓輸出」させられたインドネシア

■現地人が飢えても食物輸出は止まらない

２００５年のことだ。オランダの外相がインドネシアの外務省を訪れて、異例の声明を読み上げたことが話題になった。その声明とは、オランダがインドネシアに対しておこなった３５０年にわたる植民地支配への謝罪だった。

じつはインドネシアには、「オランダ支配３５０年」という言い方がある。そこにはオランダに対する深い恨みが込められている。今やヨーロッパの小国であるオランダと、遠く離れた国インドネシアの意外な接点だが、なぜインドネシアをそれほど長い期間にわたって植民地としていたのだろうか。

かつてオランダには、オランダ海上帝国と呼ばれる植民地大国だった時代がある。17世紀から18世紀のことだ。

17世紀初頭、当時はネーデルラント連邦共和国という国だったオランダは、「オランダ東インド会社」を作って東インドに進出すると、勢力が弱まっていたポルトガルから香辛料貿易の富を奪った。

さらに植民地を拡大するために「オランダ西インド会社」も設立し、オランダの勢力は大きく拡大した。これ以降18世紀にかけてオランダの植民地が広がった時期が、オランダ海上帝国である。

インドネシアに初めてオランダの商船が到着したのは1596年だった。

それから1世紀を経て、いよいよインドネシアにとって悪夢のようなオランダ支配の時代が始まるのだ。

当時のインドネシアは国土の中に小さな王国が乱立しており、それらは互いに反目したり分裂したりしていた。そのためにインドネシアというひとつの国家としてのまとまりに欠けていた。オランダはそれをうまく利用し、18世紀半ばにインドネシア内の有力な王国を瓦解させて思いのままに操るようになった。

なかでも、オランダの植民地支配における大きな汚点は、強制栽培制度である。

東インド会社の経営が悪化したために、植民地からの利益を上げようとしたオランダは、1830年頃からインドネシアに強制栽培制度を押しつけた。

これは、ヨーロッパ市場で利益の上がるコーヒー、茶、砂糖、藍などを強制的に栽培させるというもので、とくにコーヒーやお茶などオランダ本国への生産物については、耕地面積の5分の1もの広さの畑をそれに当てるように強要した。

5分の1といっても、インドネシアの人々にとっては慣れない作物の育成は大きな負担であり、しかも安い値段で買い叩かれる。さらには、そのわずかな現金収入も地租として取り上げられたので、インドネシア人は一気に貧困のどん底に突き落とされた。

反乱を起こし敗北した人物がオランダ側に引き渡される様子を描いた絵画

■戦後もおこなわれた軍事行動

さらにオランダが巧妙だったのは、村長には大きな収入が入るように巧妙な仕組みにしたことだ。そのために村長と村民との関係が分離し、村落共同体そのものが解体し、食糧自給体制も失われ、餓死者が続出するほどだった。平均寿命が35歳にまで低下したともいわれている。

また、米価の高騰や飢饉などで、各地で急激に人口が減少した。

しかも、これだけの強引な植民地支配をしながらも、現実にはオランダの貿易額のほとんどは、ヨーロッパ内、または地中海貿易によってもたらされたものだった。インドネシアで犠牲になった人々は、まさに無駄死にだったともいえるのだ。

さらに、オランダとインドネシアの間には、恐ろしい出来事があった。

オランダによるインドネシアの植民地支配を終わらせたのは、じつは１９４２年の日本占領だった。日本が戦争に敗れると、１９４５年8月17日、インドネシアは独立宣言を行った。

ところがオランダはこれを認めず、軍隊を送り込んで、15万人もの犠牲者を出したのだ。これがインドネシア独立戦争だ。終戦後も現地に残った日本人約３０００人も一緒になって約4年間を戦い抜き、インドネシアは独立を勝ち取ったのである。

植民地で核実験を実行したフランス

■本国から遠い場所でおこなわれた核実験

「タヒチはフランスの一部である」

これは1995年にフランス大統領に就任したシラク大統領の発言だ。タヒチの人はこの発言をどう感じたのだろうか。

しかし、それだけではなかった。同年6月、シラク大統領はムルロア環礁で核実験を再開すると発表した。もちろん世界中が反対し、とくに同じ南半球の国であるオーストラリアやニュージーランドなどは強硬に抗議した。しかし、実験は断行された。

ムルロア環礁は、タヒチ島南東1200キロの南太平洋にある環礁である。ここでフランスが核実験をおこなったのは95年だけではない。じつは、1966年から核実験場になっていたのだ。

タヒチだけではない。フランスは、サハラ砂漠のアルジェリア領内でもたびたび核実験をおこなってきた。

なぜフランスは、自国から遠く離れたこれらの地域で核実験を繰り返したのだろうか。

じつはそれらの地域はフランスの領土なのである。

タヒチとフランスの関係は、1842年までさかのぼる。この年フランスは、タヒチを保護領とする条約を強要し、それをきっかけとして1880年に正式に領土とした。

その後、フランスは核実験場にする見返りとして、リゾート地として開発するなど経済的な豊かさを約束した。しかし当然のことながら核実験への反感は強く、フランスからの独立運動が何度も起こった。

1995年におこなわれた核実験反対のデモはとくに大規模なもので、放火や投石もあった。世界中からの非難を受けたフランスは、それまで地上でおこなっていた実験方法を変えて、地下でおこなうようにした。

しかし、もちろんそれで周辺住民の不安が消えるはずはない。相変わらず非難と抗

アルジェリアでおこなわれたフランスの核実験（写真提供：AFP＝時事）

議の声は絶えない。

それでもフランスは今もタヒチがフランスの支配下にあることを主張し続け、核実験場にすることで付近の住民の健康をおびやかし、住環境を破壊し続けているのだ。

■核の影響の調査もおこなわない

アルジェリアがフランスの植民地になったのは１８３０年のことだ。

当時、アフリカでの植民地を増やそうとしていたフランスの政策のなかで植民地とされたアルジェリアには、その後１００年以上にわたって多くのヨーロッパ人が移り住んだ。

しかし、1954年に独立戦争が起こり、62年にようやく独立する。

アルジェリアはその後、1999年にIAEA（国際原子力機関）に核実験がおこなわれた場所とその影響の調査を依頼したが、結局正確なことはわかっていない。サハラ砂漠の一部であるために調査がしにくく、さらに遊牧民の実態は正確には把握できないのだ。

ムルロア環礁にいたっては、今もフランスの植民地であり、核実験がどのようにおこなわれてどんな影響を残しているのかが正式に調査されたことさえない。

世界が核兵器に対して厳しい目を向け、取り決めをしようとしている時代に、「植民地だから」という理由だけで自国から遠く離れた場所で核実験を強行し、しかもその影響について調査さえもおこなわない。これこそ、今や世界的な大国となったフランスの、もうひとつの顔である。

ところでフランスは、いつから植民地を持つようになったのだろうか。

16世紀に始まったフランスの海外進出の第一歩は北米大陸だった。1605年に現在のカナダ・ノバスコシア州あたりを植民地にしたのを皮切りに、植民地を増やしていく。しかし、ほかのヨーロッパ諸国に比べて植民地経営で後れをとり、やがてその多くを失った。

そのかわりに今度はカリブ海の西インド諸島や南米大陸、さらにアフリカ大陸へと進出。その後1870年の普仏戦争のあとにフランス領インドシナを形成すると、ようやくフランスの本格的な植民地時代が始まる。

1996年以降、フランスは核実験を取りやめ、2008年には核兵器保有量を3分の1に削減するとした。しかし過去の実験の影響という大きな不安はいまだに残されている。

国家消失の危機に瀕するチベット

■狙われた聖火リレー

2008年、北京でオリンピックが開催された。そのとき、とくに注目されたのが聖火リレーだ。世界各国をまわる聖火リレーが、チベット問題に対する中国の姿勢に抗議する人々によって妨害されるのではないかと懸念されたからだ。

その年の3月、チベットと中国との間で動乱が起こった。チベット仏教の最高指導者ダライ・ラマ14世はその後、世界中に現状を訴えるために各国を回り、日本にも立ち寄ってテレビ出演などをした。それはまさに、チベットと中国の確執があらためて世界に知れ渡った出来事だった。

チベットでは、いったい何が起こっているのだろうか。

■武力でおどす中国軍

問題の発端は、1951年までさかのぼる。

チベットとは、本来はひとつの独立国家だった。ところがその年、中国は「チベットは、もともと中国の一部である」と主張し始め、軍事力でおどして、中国政府との間に17条協定というものを締結させたのだ。

当時の中国共産党は、中国国内で共産主義による革命を進めていた。しかしこの条約のなかでは、チベットに対して「革命を強制はしない」と約束した。それが守られていれば何の問題もなかったはずだ。

しかし、そうではなかった。中国共産党は軍事力でおどしてチベットを自分たちの都合のいいように改革したのだ。まず、チベット仏教の国だったチベットのほとんどの僧院を破壊し、多くの僧侶を還俗《げんぞく》させ、経典を焼き払い、仏像を溶かしてしまった。また社会構造を勝手に変えて、遊牧民をむりやり定住させるなどした。

中国にしてみれば、それはまさに民主改革であり、チベット社会のためにやったことだという道理である。

しかしチベットにとっては多大な迷惑であるばかりか、国家そのものを揺るがす大問題だった。

当然、チベットでは中国への抵抗運動が始まった。しかし中国は、人口600万人のチベットに8万人以上の人民解放軍を送り込んで、これを潰そうとした。チベット人たちは山に立てこもってゲリラ戦で人民解放軍に抵抗した。

1959年には、首都ラサで市民による大規模な反乱である、いわゆる「チベット動乱」が勃発した。しかしそれも人民解放軍に抑え込まれてしまう。

そして、このときダライ・ラマ14世はインドへ亡命、チベットが置かれている状況を世界に訴えかけたのだ。

■チベットという国そのものの危機

ところが中国はその後、中央チベットをチベット自治区とし、中国の支配力を強めていった。そして抵抗するチベット人を容赦なく投獄したり殺したりした。

折りしも中国は「文化大革命」の時期だった。そのために、拷問や粛清が繰り返され、命を落としたチベット人は、じつに１２０万人にも達したといわれている。

その後、一時的に中国は態度を軟化させた。１９８０年代は雪解けの時代ともいわれた。そのためにチベットも息を吹き返し、なんとかして中国勢力を追い出そうと立ちあがった。

ところが、これに対して中国が再び武力で抑圧し始める。現在までに約15万人のチベット人がインドやネパールに亡命したといわれる。また思想弾圧により投獄されたり処刑される人も後を絶たない。

チベット仏教の総本山ともいえるポタラ宮前の広場を警戒する武装警察官（写真提供：共同通信）

そして近年は、このままではチベット民族そのものが消滅するのではないかという声も上がっている。

このような状況のなかで起こったのが、２００８年3月の暴動だったのだ。

もちろん、北京オリンピック開催で世

界中が中国に注目しているというタイミングを狙ったのだろう。

最初はラサでおこなわれたデモ行進がきっかけだった。抗議行動は中国側によって数日のうちに鎮圧されたが、すぐにチベット民族が住んでいる四川省や青海省でも暴動が起こり、海外のメディアでも大きく報じられた。

しかし、中国政府はこの暴動による死者は数十名だと発表したのに対して、チベット側は数百名が虐殺され、さらに数千人単位の人々が拘束されていると発表するなど、その実態ははっきりとはつかめていない。

ドイツやカナダなどでは、中国政府の姿勢に反対する人々による聖火リレーに対して妨害がおこなわれた。

オリンピックそのものは無事に開催されたが、いまだに中国とチベットの関係は何の解決もされていない。２００８年のチベット騒乱以降、チベットの僧侶らが抗議の焼身自殺をはかり、その数は１００人を超えている。

7章　粛清の黒歴史

5人に1人を粛清したポル・ポト

■入ったら二度と出られないS21

カンボジアと聞いてすぐに思い浮かぶのは、アンコールワットなどの遺跡群かもしれない。こんもりとした森に囲まれた巨大な遺跡群は、多くの観光客を魅了する場所だ。

しかし、この豊かな歴史と文化を持つカンボジアでは、ほんの20数年前、ポル・ポト率いるクメール・ルージュが悪夢のような残虐行為を繰り広げていたのである。

ベトナム軍によってポル・ポト政権が打倒されたのは1979年。このとき軍に同行していた2人のカメラマンがひとつの建物を発見する。

生ぐさい臭いが漂ってくる建物のなかに踏み込んだ彼らは、最初の部屋で殺されて間もない14人の遺体に出くわした。のどを切り裂かれている者や鎖につながれている者もおり、床に落ちた血はまだ乾ききっていなかったという。さらに詳しく調べると、拷問器具、膨大な文書や写真、その他多数の遺体などが見つかった。

この建物は「S21（現在はトゥール・スレンと呼ばれている）」という暗号名で呼ばれる、政治犯を尋問するための秘密施設だったのだ。

トゥール・スレンの内部

ただ、ここに収容された者の大半は、政治犯などではなかったと推測されている。はっきりしたことがわかっていないのは、S21が一度入ったら二度と出てこられない場所だったからだ。
残された文書から、少なくとも1万4000人が収容されていたとみられるが、生還できたと確認されているのはたった7人だけなのである。

■5人に1人が犠牲になった

1975年、ポル・ポトはロン・ノル政権を打倒し、首都プノンペンを掌握する。当初、腐敗政権を倒したポル・ポトに民衆は期待を寄せたものの、彼らを待ち受けていたのは地獄のような日々だった。

原始共産主義を目標とするポル・ポトは、自給自足こそがあるべき姿だとして、都市の人々を強制的に農村へと移住させる。病人も老人も徒歩しか認められず、炎天下で長時間歩かされ続ける間に力尽きる者もいた。

この強行軍で2万人以上が命を落としたともいわれるが、これは悲劇の序章にすぎなかった。その翌年からS21が活動をはじめるのである。

まず粛清のターゲットにされたのは、前政権にかかわる者たちだった。旧体制に犯されている者を矯正することは不可能だとして、彼らは次々に処刑された。そして、常に反革命分子が生まれているという考えにとらわれたポル・ポト政権は、粛清の手を一般民衆にまで広げていくのである。

S21には膨大な供述調書が残されている。しかし、大多数はわけもわからず連れて来られ、拷問に耐えかねて無実の罪を自白したようだ。看守には子供のような年齢の者もいて、彼らの残虐性はいっそう高かったという。

ここに連行された時点ですでに死刑宣告を受けたも同然だが、自白をするまでは死ないようにじわじわと責め続けられた。

■各地に作られたキリング・フィールド

キリング・フィールドから発掘された人骨

本当に重要な政治犯以外は、数日から数週間で死刑になった。そして、その大部分の処刑場となったのが、各地に作られたキリング・フィールドだ。

彼らは後頭部を殴られたあとのどを掻き切られ、穴に落として埋められた。キリング・フィールドにはまだ埋まったままの遺体もあるという。

こうしてポル・ポト政権下で犠牲になったカンボジア人の数は、150万～200万人とみられている。およそ5人に1人の割合で国民が死亡した計算だ。これがわずか4年間でおこなわれたのである。

S21は、現在はトゥール・スレン虐殺犯罪博物館として公開されている。もちろん遺体も血痕も残されてはいないが、窓にはめられた鉄格子、スプリングのゆがんだベッド、囚人の写真などが、ここが尋問センターだったことを如実に物語っている。

ただ、開館した当初こそ多数の人々が訪れたものの、今では訪れるカンボジア人はぐっと減ってしまったという。また、生き残った者たちも当時のことはあまり語ろうとしない。

カンボジア人にとっては忘れてしまいたい悪夢の時代なのかもしれない。しかし、目を背けず、後世に伝えていかなければならない歴史だともいえるだろう。

「文化大革命」という名の大粛清劇

■国が許した暴力行為

毛沢東と切っても切れない出来事といえば、「文化大革命」である。

字面だけをみると、芸術や文芸を推奨する文化的な運動に思えるが、実際はまったく逆だ。古い文化を打ち壊し、多くの人々を抹殺した大粛清だったのである。

中国では大躍進運動に失敗したあと、劉少奇《りゅうしょうき》が国家主席となり、経済の復興を目指していた。だが、毛沢東は依然として党主席の座は譲らず、再びすべてを掌握する機会を虎視眈々と狙っていたのである。

中国を共産主義によって強大な国家に仕立てることを望んでいた毛沢東にとって、劉少奇ら実権派の政策は手ぬるくみえたのだろう。ことあるごとに資本主義の復活を目論んでいると非難した。その一方で、国民全員に「毛沢東語録」を携帯させるなど、毛沢東個人への崇拝を強化していく。

こうして、文化大革命ののろしが上がったのは1966年のことだ。まず、尖兵として選ばれたのが過激な思想に反応しやすい十代の若者たちだった。彼らは紅衛兵と呼ばれる組織を結成していった。

若者たちは「教師はブルジョワ思想にかぶれており、試験で生徒を迫害している」と教え込まれ、教師をターゲットにして抗議活動を展開していった。その行動はしだいにエスカレートし、教師に殴る・蹴るの暴行を加え、女性教師を陵辱したのである。

さらに、ある学校では校長が群衆の前に引きずり出されて暴行を受けたあげく、死亡する事件まで起こっている。これらの暴行は、やがて生徒同士の間にも広まっていった。

しかし、毛沢東はこうした行動を抑えるどころか、奨励していたのだ。まさに、国家によって暴力行為のお墨付きが与えられていたわけである。

そして8月、共産党の総会で文化大革命の骨子が決定される。その主な内容は、実権派の排除と新しい文化の創造、旧文化の改革などである。このとき、劉少奇は降格され、代わりに毛沢東の腹心で軍人の林彪《りんぴょう》が抜擢された。毛沢東は天安門の上に立ち、人々に文化大革命の号令を発したのである。

これにより、旧文化の担い手である作家や芸術家などが迫害の標的になる。彼らは暴行を受け、書物、絵画、骨董品などが打ち壊され、そして焼き尽くされた。

文革に反対したとされた人は紅衛兵に「自己批判」させられた（写真提供：共同通信）

一般市民の家々にも紅衛兵は踏み込み、旧文化に関するものを破壊していく。わずかに残された絵画や書物はみな毛沢東を讃えるものばかりで、政治的な宣伝の道具にすぎなかった。

押収対象は現金や宝飾品にまでおよんだ。これらの品々の中には、高級幹部たちが自分の懐に入れたものも少なくない。そもそも毛沢東の何千冊という蔵書もこれらの押収品からなっているのだ。

人々の間には恐怖心が植えつけられていき、毛沢東に反抗する気持ちをなえさせていったのである。

次に毛沢東がとりかかったのが幹部の粛清だ。

これには造反派と呼ばれる大人たちが参加した。捕まった幹部は人々から糾弾を受け、拷問された。密室ではなく、衆人環視のなかでこのような残虐行為が繰り返されたのである。粛清によって足りなくなった幹部は、主に軍人から補充された。

■毛沢東の死で終わった粛清

毛沢東の新しい体制は、1969年までにはほぼ固まった。

ただ、毛沢東はこれで満足したわけではない。文化大革命がはじまってから、死去する1976年まで粛清は続けられたのである。この間に死亡した人の数は300万人にものぼるという。

自分の意のままに動く国家を創り上げるためには、どんな手段を用いることも辞さなかった毛沢東は、文化大革命という強硬手段をとった。この運動は毛沢東の死でようやく収まりをみせた。しかし、文化大革命によって中国全土は混乱に陥り、経済も文化も停滞するという結果になったのである。

■美術品の買い戻しが始まる

近年では、当時かろうじて国外に逃れた中国美術品を中国人が買い戻すという機運が高まっている。すでに破壊されてしまったものはもはや取り戻せないが、海外に流出して現存しているものは、自分たち中国人の手に取り戻したいと考えているのだ。

とくに日本には、国宝級の古美術品が大量に流れてきたという。日本で保管されていたものは丁寧に保管されていることが多いため、人気がある。

ちなみに、それらの美術品は投資商品としての価値も高く、アートビジネスでの取引価格は爆発的な高騰をみせている。

２０１７年に行われたオークションでは、日本の美術館が所蔵していた12世紀作の書画「六龍図」が約56億円の値をつけ、人々を驚かせた。落札者は公表されていないが、中国人だろうといわれている。

彼らが美術品を爆買いしているのは、国や美術のためであり、自分の資産のためでもあるといえる。毛沢東も、このような時代が訪れるとは予想できなかったに違いない。

独裁者がくり返したロシアの粛清

■害虫のように民衆を駆除する

ソ連の歴史を語るうえで欠かすことのできない存在といえば、レーニンとスターリンである。政治の頂点に立ち、存命中は人々の崇拝も集めたが、その素顔は血塗られた独裁者そのものだった。ふたりの政権下では、何千万という人々がいわれのない罪をきせられ、粛清されていったのである。

ロシア革命後、民衆は自由を手にすることができると信じていた。ところが、実際は皇帝からレーニンへと独裁者の首がすげ変わっただけだったのだ。

レーニンの搾取に怒った人々は抗議の声を上げ、ソ連はついに内乱状態に突入する。両者の戦いは激烈を極め、ときには一村まるごと焼き払われることもあったという。

こうした抵抗に対して、レーニンは赤色恐怖政治を断行していく。人々を解放するために立ち上がったという正義を振りかざすレーニンの部下たちには、どんな残虐な暴行や殺人も許されたのである。

たとえば、人々は令状などないままに逮捕されている。そして、焼き印を捺される、身体の皮をはがされる、零下の戸外に裸で放り出したところに水をかけて氷づけにする……などの拷問が何のためらいもなく日常的におこなわれたのである。

レーニン（右）とスターリン（左）

レーニンは自分に刃向かう者を「害虫」と呼んだというが、まさに虫けらのように多くの命が奪われたのだ。1918～22年にかけて、1000万人もが犠牲になったとみられている。

■罪もない人々をおとしいれた密告

レーニンの死後も民衆に安らぎは訪れなかった。

権力闘争を勝ち抜いて登場したのは、レーニンに勝るとも劣らない独裁者のスターリンだったのである。スターリンもまた同じように大粛清を実行した。

その粛清は共産党員だったキーロフの暗殺をきっかけにはじまっている。この暗殺はライバルを蹴落とすために、スターリンが仕組んだのではないかとも疑われているのだが、ことの真相はさておき、スターリンはこの暗殺に荷担したとして54人の元共産党員を公開裁判にかける。

告発された内容はどれもでっちあげだが、彼らは精神的に痛めつけられていった。とくに家族に危害を加えると脅されれば、うその自白をしないわけにはいかなかったのだ。裁判とはいえ、まったくの茶番にすぎなかったといえる。

これを皮切りに、スターリンの粛清の嵐が吹き荒れることになる。共産党員や党幹部までもが容赦なく断罪され、1934年には党の代議士1996人中、なんと1108人もが処刑された。

さらには、秘密警察、そして軍へと粛清の手はおよぶ。残された関係者に復讐されることを恐れたスターリンは、その家族や友人まで逮捕した。自分が粛清の対象になるかもしれないという恐怖で自殺した者もいたという。この粛清で秘密警察では

3000人が死亡し、軍に至っては第二次世界大戦中よりも多くの者が命を落としている。

しかし、これで終わりではなかった。のちに「大テロル」と呼ばれる一般国民への粛清がはじまったのである。

これは民衆のなかに密告者を紛れ込ませるという卑劣な方法がとられた。人々は疑心暗鬼になり、自分の身を守るために他人を誹謗中傷するようになる。密告者には報酬も与えられたので、この傾向はますますエスカレートしていったのだ。

このときの犠牲者の数はいまだに確定されていないものの、少なくとも100万人が銃殺されるか拷問によって死亡し、それより多くの者が収容所へ送られて強制労働に就かされたとみられている。ただし、劣悪な状況で過酷な労働を強いられて収容所で命を落とした者も少なくない。

スターリンの悪事は彼の死後、フルシチョフによって明らかにされたのをきっかけに、しだいに国内外に知れ渡るようになった。そのため、少しずつ非スターリン化の動きが進み、銅像やスターリンの名前をつけた街や道路は改名されていくことになったのである。

自由の国アメリカで起こった「赤狩り」

■ハリウッドを襲った共産主義者狩り

１９９１年のソ連の解体により冷戦は終結したが、この半世紀近くにわたる米ソの対立は朝鮮戦争、東西ベルリンの分断、そしてベトナム戦争など、世界のさまざまな地域に影響をおよぼした。

そして、１９４０年代後半から50年代前半のアメリカでは、ヒステリックなまでの反共運動が展開された。

大規模な共産主義者の摘発――すなわち「赤狩り」だ。

ソ連のスパイ、またはそのシンパと糾弾されたのは、政界や教育界、さらには映画界からも有能な人材が多く失われることになったのである。

１９４７年、赤狩りの矛先はハリウッドに向けられた。それまでも映画産業には共産主義者が入り込んでいると厳しく非難していた非米活動委員会が、10人の脚本家や監督を召喚したのである。

のちに「ハリウッド・テン」と呼ばれる彼らは、言論と集会の自由をうたったアメリカ合衆国憲法修正第1条を盾に証言を拒否。その結果、議会侮辱罪で半年から1年の実刑判決が下された。

もちろんこれで終わりのはずがなく、ハリウッドでの赤狩りはさらに続く。こうした弾圧に対して抗議する声もあったものの、世間の疑いを晴らすために自分たちの手で「ブラックリスト」を作成することが決定された。共産主義者を差し出すことで生き残ろうとしたのである。こうしてハリウッドを追われた者は、300人を下らないといわれている。

また、当時の大統領だったトルーマンも摘発を強化した。公務員の国家に対する忠誠心を審査し、その結果4年間で212人が解雇、1000人以上が辞職に追い込まれた。共産主義者は防衛産業に携わることが禁じられたばかりか、パスポートすら発行されなかったのである。

この動きはしだいに地方にも広がり、さらに数千人の公務員が解雇され、学校からも多くの教師が追放された。国中が疑心暗鬼に陥っていたといっていいだろう。

赤狩りが最高潮に達するのは50年代に入ってからだが、きっかけを作ったのは共和党の新人上院議員マッカーシーである。彼は「国務省のなかには共産主義者が２０５人も存在しており（75人と発言したという説もある）、自分はそのリストを持っている」という演説をぶったのだ。

じつは、マッカーシーは共産主義についてはまるで知識がなく、２０５人の名前もつかんではいなかった。だが、共産主義に戦々恐々としている国民には熱狂的に受け入れられたのである。

マッカーシーは次々と政府内の疑わしい人物を摘発していく。当然まともな証拠などなく、ほとんどが魔女狩りに近かったといえるが、摘発された人々はその職を追われていった。世論も証拠の有無より、火のないところに煙は立たないだろうとみる風潮が強かったのだ。

マッカーシーの暴走に終止符が打たれるのは、活動開始から４年もたってからのことになる。

■映画人たちのしたたかさ

ところで、ハリウッドで災難に遭《あ》った人々はどうなったのだろうか。

この地を離れた者や国外へと出た者もいたが、ハリウッドにとどまっても長い間日の目を見ることはなかった。その一方で、喚問されたにもかかわらず、そのまま仕事を続けられた者もいる。

たとえば、『エデンの東』や『欲望という名の電車』を監督したエリア・カザンだ。彼は仲間の名前を暴露したために刑務所行きを免れたものの、そのせいでハリウッドでの評判は微妙なものとなってしまった。

上院小委員会で弁護士と話すマッカーシー（左）

ただ、ハリウッドの映画人もしぶとい。表立っては動けないので、ペンネームを使って密かに仕事を再開していた者もいた。

そのひとりが脚本家のダルトン・トランボだ。１９５６年のアカデミー賞で、アカデミー原案賞を獲得したロバート・リッチはトランボその人だったのである。そして、すっかり名誉を回復した１９７５年、トランボはあらためて自分の本名が刻まれたオスカーを手にすることができたのである。

革命の英雄はギロチン信者だった

■コンコルド広場はギロチン広場だった

コンコルド広場はパリのなかでも人気の高い観光スポットのひとつだ。近くには高級ブランドの店なども並び、いつも多くの人でにぎわっている。

この広場にコンコルドという名前が定着したのは1830年のことである。フランス革命の頃には「革命広場」と呼ばれていた。

そして、革命広場の時代、ここはまた処刑広場でもあった。国王ルイ16世や王妃マリー・アントワネットがギロチンにかけられたのも、この場所である。

ギロチンが使われたのはフランス革命のときだ。残酷な処刑道具にみえるギロチンは、実は人道的な配慮から取り入れられている。それまでの処刑は八つ裂きや火あぶりなど拷問にも等しい残虐な方法が多かった。苦痛を長引かせることなく、一瞬で首を切り落とすギロチンは、受刑者への慈悲から採用されたというわけである。

とはいえ、1793~94年に処刑された者の数は尋常ではない。この時期、政治の頂点に立っていたのはロベスピエールで、恐怖政治という名の粛清を断行した。そして、およそ1年間に1300人以上が断頭台の露と消えたのである。

■反革命派を粛清し続けた恐怖政治

革命の初期に主導権を握ったのはジロンド派だったが、共和政が樹立されると、ロベスピエールやダントンらが率いる急進派のジャコバン派が台頭してくる。ジャコバン派の主導によって、国王の処刑も実行された。

だが、これが周辺諸国の警戒感を招き、フランスはヨーロッパ中を敵に回すことになる。しかも、国内各地でも王党派が反革命の動きを活発化させ、内憂外患の状態になった。この危機を乗り切るために、ジャコバン派は反革命分子の一掃をはかったのである。

ロベスピエールは虐《しいた》げられた者の味方をしている自分たちは正義であり、それ以外の者を排除するのは当然だとぶちあげる。そして、大衆を煽動して議会になだれ込ませ、ジロンド派を追放してしまうのだ。

さらには、反革命容疑者法まで制定し、反革命派だとみなした者を投獄し、有無をいわさず処刑していったのである。革命広場のギロチンは毎日休みなく動き続け、首を固定する板には血がこびりついたままになったという。

コンコルド広場でおこなわれたルイ16世のギロチン処刑

やがてジャコバン派内部に亀裂が生じると、ロベスピエールはエベールやダントンらの同志もギロチンへと送り込む。こうして独裁体制を固めていったのである。

また、恐怖政治というとパリでのギロチンが有名だが、リヨン、ボルドー、マルセイユ、トゥーロンなどでも、多数の反乱分子が処刑された。その総数は3万～4万人にものぼるとされている。

とくに、フランス西部のヴァンデーで起きた反乱は規模が大きく、反乱軍、鎮圧軍の双方で多くの犠牲者を出した。いまだに正確な数字はつかめていないものの、両軍合わせて20万～30万人が戦死や処刑で命を落としたともいわれている。

■ロベスピエールを襲った因果応報

恐怖政治を主導したのはたしかにロベスピエールだったが、その素地はすでにできていたといえる。

外敵の侵攻におびえる恐怖、富裕層への憎しみ、そして何よりも自分には正義があると信じた民衆は、恐怖政治がはじまる前からテロル（恐怖政治）としか呼べないような暴走を繰り返していたのだ。

しかし、ロベスピエールの独裁も長くは続かなかった。あまりの横暴ぶりに人々の反感が高まり、ついに1794年、テルミドールのクーデターが勃発した。ロベスピエールは権力の座から引きずり下ろされることになったのである。

そして逮捕の翌日、ロベスピエールは大量の反対派を死へと追いやったギロチンで、今度はみずからが処刑されるという皮肉な結末を迎えたのである。

8章　事件の黒歴史

3044人の命を奪った「911」

■マンハッタン名物の超高層ビルが崩壊

旅客機が高層ビルに突っ込んで炎上するという衝撃的な映像が生中継された2001年の〝あの日〟以来、「9・11」という数字は、世界の人々にとって特別な意味を持つようになってしまった。

のちに「アメリカ同時多発テロ」と呼ばれることになる、ワールドトレードセンター(WTC)ビルやアメリカ国防総省への自爆テロ攻撃は、じつに3044人というかつてない数の犠牲者を出したのである。

最初の悲劇は、マンハッタンがそろそろ活気づこうかという午前8時46分に突然襲いかかった。アラブ系のグループによってハイジャックされたアメリカン航空11便が、マンハッタンの名物ともいえる超高層ビル、WTCの北棟に一直線に突っ込んだのである。

飛行機は超低空飛行のまま110階建てのビルの93階から99階までの部分に激突し、爆破炎上。飛行機には、乗員・乗客合わせて92人が乗っていたが、もちろん誰1人として助かった者はいなかった。

飛行機がビルに突っ込むという異常事態を、ニューヨーク市民はじめ世界の人々はすぐに理解することができなかった。人々の認識の多くは、「ひどい事故が起きた」というものだったのである。

崩壊したＷＴＣの北棟

ところが、そのわずか17分後に再び訪れた衝撃とともに、その認識はあっさりと覆される。ドス黒い煙を吹くＷＴＣの模様を生中継していたテレビ局のカメラが、2機目の飛行機が今度は南棟に突っ込んでいく様子を捉えてしまったのである。世界の人々が、史上最悪のテロを目撃した瞬間だった。

当時、フランスのカメラクルーが偶然にもニューヨーク市消防局に密着したドキュメンタリー番組を撮影していた。彼らは通報を受けて駆けつけた消防隊とともにマンハッタンの現場に入り、ビルから落ちてきた鉄骨や灰に埋もれた街並み、警官や消防隊の命をもかえりみない救助活動を撮影することに成功している。

瓦礫《がれき》と化したＷＴＣで、被害者を懸命に救出する警察や消防の人々の映像を覚えている人もいるだろう。

ところが、この映像には、何度もドスンという鈍い衝撃音が入り込んでいる。じつはこの音は、火災が起きているＷＴＣの上の階から飛び降りた人々が地面に叩きつけられた音だったのだ。炎と煙によって逃げ道を失い、絶望のあまりビルから身を投げた人が後を絶たなかったのである。

痛ましいことに、頭上から落下してきた人を避けきれずに命を落としてしまった警官や消防隊員も出てしまった。

さらに、飛行機の激突から2時間ほどの間に、ＷＴＣの南棟および北棟が相次いで崩壊した。

炎上するＷＴＣに取り残された人々を救出すべく命がけでビルに突入し、命を落としてしまった救助隊員は、ニューヨーク消防局３４３人、港湾局警察37人、ニューヨーク市警23人にものぼるという悲惨な数字が残されている。

事件当時、ニューヨーク市では、このテロで行方不明となった人に関しては、遺体が見つからなくても死亡証明書を発行することにしたという。それだけ、遺体の捜索作業や確認作業が難航したのである。被害の凄まじさを物語るエピソードにほかならない。

崩壊跡地に入る前に指示を受けるタスクフォース

■悲劇の現場になったＷＴＣは今

現在、多くの犠牲者を出したＷＴＣの跡地「グラウンド・ゼロ」には、6つのビルとツインタワー跡地の慰霊場、そして地下鉄にバスターミナルなどで構成される「ワン・ワールドトレードセンター」がある。

アメリカの独立年である1776年にちなんだ1776フィート（約541メートル）の高さのこのビルは、テロに屈することなく立ち上がるアメリカ国民の新たな自由と希望の象徴ともいえるだろう。

さらに、WTC跡地の再開発を追うテレビのドキュメンタリー番組の製作総指揮を、ハリウッドを代表する映画監督のスティーブン・スピルバーグが務めた。

またそのほかにも、911を題材にした映画『ユナイテッド93』や『ワールド・トレード・センター』などが制作されている。

全世界を恐怖に陥れた悲惨な歴史はいつまでも語り継がれることになるだろう。

チェルノブイリ原子力発電所の事故

■「世界で一番安全」なはずの原発の大事故

旧ソ連の西南に位置するウクライナは、ロシア語の「辺境、はずれ」が国名の由来となっている。

そのウクライナの首都キエフから北に100キロメートルほど行ったベラルーシとの国境沿いに、チェルノブイリ地区はある。

たくさんのコウノトリが巣を作るなど美しい自然に囲まれ、農耕や牧畜を営む人々が静かに暮らすこの地に、〝世界でもっとも安全な原発〟といわれていたチェルノブイリ原子力発電所はあった。

だが、1986年4月26日未明、停止実験をおこなっていたこのチェルノブイリ原発の4号炉で大爆発事故が起こる。それは、人類がこれまで経験したことのなかった被害をもたらしたのである。

■暴走する原子炉

原子力発電は、原子炉内でまず核燃料であるウランを核分裂させ、そこから発生する大量の熱によって水を蒸気に変える。さらにその蒸気で発電機を回転させて、電気エネルギーを得る仕組みとなっている。

事故の夜、チェルノブイリ原発ではこの原子炉が停止したときに備えて実験をおこなっていた。ところが、原子炉が暴走して出力が異常な上昇を続け、午前1時23分、地鳴りのような轟音とともに大きな衝撃が起こったのだ。

原子炉を覆っていた2000トンはあろうかというコンクリートの蓋は爆発の衝撃でいとも簡単に跳ね上げられ、広島に投下された原子爆弾の約500倍ともいわれる量の放射能が大気中に放出されてしまう。

4号炉の上空に舞い上がった火花を目の当たりにした付近の住民たちは、真夜中に突如あらわれた光景が何を意味するのかも知らなかったに違いない。

■事故をひた隠しにしたソ連政府

ところが、この最悪の事故を世界で最初に報告したのは当事国のソ連ではなく、事故現場から1600キロメートルも遠く離れたスウェーデンだったのである。

爆発事故から2日後の4月28日の朝、スウェーデンのフォルシュマルク原発で、所内の放射の検知器が異常なレベルの放射能を感知したのだ。放射性物質が風でここまで運ばれてきたことを意味しているのである。

ソ連の原子力技術は、宇宙開発と並んで世界的に高いレベルであると評されてきた。その面子《めんつ》にかけても、原子炉が暴走して大爆発が起こったなどという事実は公表できなかったのである。

スウェーデンではチェルノブイリの事故をその日のうちに報じ、ソ連政府はようやく事故が起きたことを認めざるを得なくなった。

とはいえ、当初公表された内容はいたって簡単なもので、「死者は2名であり、病院に収容された者のなかにはすでに退院した者もいる」というものだった。

さらに驚くべきことに、事故現場から30キロメートル圏内に暮らす住民の避難が決定されたのは事故発生後1週間が過ぎた5月2日のことだった。

1週間もの間、普段どおりの生活を続けて放射線を浴び続けてしまった住民たちの間で健康被害が広まったのは言うまでもない。

そんな対応の遅れもあって、この地域では今でも被ばくによる白血病などの健康被害に悩まされる人が後を絶たない。とくに、首元に痛々しい手術の傷跡を持つ子供が多いという。

放射性物質が甲状腺ガンを引き起こすため、その手術を受けたことでできた傷跡なのである。ウクライナは小児甲状腺ガンの世界一の多発地帯となってしまったのだ。

事故当日の消火作業にあたって死亡した27名の作業員の遺体にいたっては、被ばくがひどく、今でも鉛の棺に厳重に入れられて葬られている。事故当時、子供だった世代も結婚し、子供を産んでいる人もいるだろう。今後は2次被害、3次被害が懸念されている。

現在、原発があった場所は、鉄やコンクリートで作られた巨大なシェルターで覆われている。以前は「石棺」と呼ばれるコンクリート製の建造物で覆っていたが、それが老朽化したことから、さらに強力なシェルターで石棺ごと原発を覆ったのだ。

新しいシェルターは高さ約110メートル、長さ160メートル、幅260メートルという巨大なもので、放射性物質を100年間閉じ込めることができるという。

最終的な目標は事故炉の解体だというが、そこに至るまでには相当の時間がかかることが予想される。チェルノブイリでの事故は、まだ過去の悲劇として位置づけられない問題なのだ。

新しいシェルターは「石棺」をまるごと覆う形で作られた。

冷戦中に勃発したU－2撃墜事件

■アメリカの偵察機がソ連に撃墜される

アメリカとソ連の両大国を中心に資本主義国と共産主義国の対立が続いた「冷戦」という言葉は、すでにはるか遠い過去の歴史のような響きさえある。

とはいえ、1945年のヤルタ会談から、アメリカとソ連の間でINF（中距離核戦力）全廃条約が調印された1987年まで、40年以上もの間、〝第三次世界大戦〟が勃発するかもしれないという緊張感のなかで国際関係がどうにか均衡を保っていたのはまぎれもない事実である。

そんな冷戦の歴史は、両大国の軍備拡張の歴史でもあった。冷戦下ではアメリカのCIAやソ連のKGBなどの諜報部員が暗躍し、互いの軍事機密を探り合っていたのである。

そんななかで、冷戦の緊張の糸が一気に張り詰めてしまう事件が起きる。

1960年5月、ソ連領内を偵察していたアメリカ軍の偵察機が撃墜され、脱出したパイロットがソ連の捕虜となって裁判にかけられる……。そんな映画さながらの事件が起きたのである。

■撃墜で表ざたになったスパイ疑惑

アメリカの航空機製造会社であるロッキード・マーティン社（1995年にロッキード社とマーティン・マリエッタ社が合併）。

かつてはロッキード事件で一躍有名となったジェット旅客機「L－1011トライスター」などの民間航空機も製造していた航空機メーカーだが、現在は軍用機を専門に手がけている。

事件の中心になったU-2

同社の漆黒の偵察機が、グライダーのような大きな翼を持つ通称「ドラゴンレディ」の「U−2」である。

このU−2は高高度の飛行を可能にし、高性能カメラを装備したまさに〝スパイ偵察機〟だった。現在も現役で、湾岸戦争でもイラクの戦車部隊や、スカッドミサイルの発射基地の偵察に使用されている。

冷戦当時、アメリカはこのU−2を使ってソ連や中国など東側諸国の軍備をたびたび偵察していたのである。

ところが、1960年5月1日、ソ連領空を侵犯して偵察飛行をおこなっていたU−2がついにソ連の地対空ミサイルによって撃墜されてしまったのだ。

U−2を操縦していたゲーリー・パワーズは緊急脱出してどうにか一命を取りとめたものの、そのままソ連側に連行されてしまった。

戦火こそどうにか交えていないものの、ソ連は敵国に違いない。そんな冷戦のまさしく真っただ中に墜落してしまったパイロットは、それこそ生きた心地がしなかっただろう。

■2つの大国による冷静な幕引き

その後、捕らえられたパイロットのパワーズはソ連で公開裁判にかけられ、スパイ行為をしていたことを自白してしまう。これによってアメリカのスパイ行為が明るみに出たのだ。

U-2の模型を手にするパワーズ

事件当初は苦しい言い訳でスパイ行為を否定していたアメリカ政府だったが、パワーズの自白が明らかになると態度を一変させて、当時のアイゼンハワー大統領はスパイ行為を認めざるを得なかった。

パワーズはスパイ活動で有罪と判決が下され、懲役3年の刑が宣告された。しかし、ソ連とアメリカはスパイを交換釈放することで合意すると、FBIによって逮捕されたソ連の秘密警察であるKGBのスパイ、ルドルフ・アベル大佐とパワーズとの身柄交換がおこなわれた。

この一件は、時代が時代なら一気に戦争状態に突入してもおかしくない大事件である。ところが、米ソは取り引きによって人質の交換という〝痛み分け〟に持ち込んでいる。これこそが、冷戦を冷戦たらしめたパワーバランスだったのである。

どうにかソ連から帰ってきたパワーズだったが、1977年、テレビレポーターとして乗り込んでいたヘリコプターの墜落事故により命を落としている。レーガン大統領とゴルバチョフによるINF全廃条約調印のちょうど10年前だった。彼はついに冷戦の終結を見ることなくこの世を去ったのである。

天安門広場に戦車が侵入した日

■動乱？　それとも虐殺？

北京を訪れた人が必ずといっていいほど足を運ぶ場所といえば、天安門広場ではないだろうか。紫禁城の城門として築かれ、毛沢東の時代には文化大革命の号令がここから発せられた。このあたりの様子はしばしば映像や写真などでも取り上げられるので、よくご存知だろう。

今からおよそ30年前、この北京のシンボルともいえる天安門広場が惨劇の舞台となった。学生や知識人を中心として組織されたデモ隊と、戒厳部隊が衝突した「天安門事件」である。

このときの映像は世界中に衝撃を与えた。じつは事件の半月ほど前にゴルバチョフが訪中したため、各国メディアは北京に集まった。この時点ですでにデモは活発化しており、事態がどう推移するのかを見届けようと、彼らはそのまま北京にとどまっていたのだ。

天安門事件について、中国政府は動乱を鎮圧したのだと主張した。しかし、国際社会の見解は異なっている。装甲車を押し進め、無防備な人々に発砲するさまは、どうみても虐殺としかいえないものだったからである。

■丸腰の人々に向けられた銃口

天安門事件の前年から、学生たちは民主化運動を繰り広げていた。だが、その動きが高まりをみせたのは、胡耀邦《こようほう》の死がきっかけだった。

胡耀邦は学生運動に寛容だったことなどがあだになり、中国共産党中央委員会総書記の座から失脚していた。そこに腐敗政治をおこなう役人や急激なインフレに対する不満が重なり、学生が天安門に集まって胡耀邦の追悼と腐敗政治の改革を叫んだのである。

政府がこの動きを動乱と決めつけたことが学生をさらに刺激し、１００万人規模のデモや天安門広場でのハンストがおこなわれた。
政府も強硬な態度を崩さず、北京には戒厳令が出された。

戦車の前に立ちはだかる無名の反逆者（写真提供：ロイター＝共同）

1989年6月3日、政府は戒厳部隊に市内を鎮圧するように命じるが、あちらこちらにバリケードを築いた民衆と小競り合いが続いた。午後11時頃には1台の装甲車がバリケードを突破して天安門広場に侵入するものの、駆け寄った人々に炎上させられてしまう。そして、6月4日未明、ついに血の弾圧が開始されるのだ。

戒厳部隊も最初は威嚇射撃をおこなっていたが、さすがにデモ隊も発砲にはひるんだ。装甲車を伴った兵士はしだいにデモ隊に接近する。人々が手にしていたのはせいぜい石つぶてだ。そして、丸腰の人間に対して、ついに水平射撃が開始されたのである。

みんな慌てて逃げ惑うが、ごった返しているなかでは思うように動けない。そこを容赦なく弾丸の嵐が襲う。上半身を血まみれにして倒れる者、装甲車の下敷きになったのかぺしゃんこにつぶれた者……。あたりは阿鼻叫喚の渦に巻き込まれた。

弾圧は数時間の出来事だったが、その後も事件の関係者や民主化運動の活動家が逮捕された。その数は1万人にも達し、多数の者が処刑されたといわれている。

■いまだ隠蔽されたままの真実

天安門事件の犠牲者の数は、いまだにはっきりしていない。中国政府の発表によれば、死者は319人で、そのうちの13名が軍や警察関係者だという。しかし、デモに参加していた者たちは、2000人とも3000人とも証言している。

中国政府はあくまでも動乱の鎮圧であって虐殺ではないと語り、詳細な情報を公表しないのだ。しかも、現場にいた海外メディアの記者たちから、取材テープやカメラを没収しようとしていたのである。

当時、取材に当たっていたニュースステーションの記者とカメラマンは、下着のなかにテープを隠して、押収を逃れたのだという。おそらく、各国の記者たちが同じように取材テープを守ったのだろう。

こうして事実を隠ぺいしようとした中国当局の目論みはみごとに失敗し、天安門事件の惨劇が世界中で放送されることになったのである。

しかし、事件が本当の意味で終結したとはまだ言い難いかもしれない。

事件当時、天安門広場で抗議活動に参加していた中国の人権活動家、劉暁波《りゅうぎょうは》は、2010年にノーベル平和賞を受賞した。このとき、ノルウェーのノーベル委員会には中国政府からの圧力がかかったというが、功を奏さなかったようだ。

彼は受賞したとき政治犯として投獄されていたが、「この受賞は天安門事件で犠牲になった人々の魂に贈られたものだ」と語ったそうだ。そして一度も解放されないまま、末期の肝臓がんの治療を許されることもなく獄中死をとげた。

天安門事件には、いまだ知られざる闇があるのだ。

J・F・ケネディを殺した魔法の銃弾

■オズワルドの最後のメッセージ

「お前、オズワルドにされるぞ」

映画化もされた伊坂幸太郎のベストセラー『ゴールデンスランバー』（新潮社）にはこんなセリフが使われている。

総理大臣暗殺犯として指名手配された男の逃亡劇を描いたこの作品は、ケネディ大統領暗殺事件をモチーフに書かれている。主人公はあくまで〝濡れぎぬ〟を着せられただけで、警察に追われながらも真犯人を探すというストーリーになっている。

実際に、ケネディ大統領暗殺犯として逮捕されたリー・ハーヴェイ・オズワルドは、逮捕翌日におこなわれた記者会見で、「あなたはケネディ大統領を暗殺したのですか？」という報道陣からの問いかけに対してはっきりとこう答えている。

「I am just a patsy!」

このpatsyは「カモ、身代り、騙されやすい人」などの意味を持つ俗語だ。つまりオズワルドは公の場で、「オレは濡れぎぬを着せられたんだ！」とみずからの身の潔白を示すメッセージを送っていたのである。

狙撃の瞬間をとらえた「ザプルーダフィルム」の1コマ

■たった1発で7つの穴をあけた銃弾

史上最年少の43歳という若さでアメリカ合衆国第35代大統領に就任したジョン・F・ケネディ。彼が凶弾によって命を落としたのは、1963年11月22日、テキサス州ダラスでおこなわれていたパレードの真っ最中だった。

狙撃された直後に、オープンカーの後部へ這い出して、飛び散った夫の頭部を必死にかき集めるジャクリーン夫人の映像は衝撃的である。

ところで、ケネディの命を奪ったとされる銃弾だが、同乗していたテキサス州知事のコナリー氏に対しても重傷を負わせている。奇妙なことに、たった1発の弾丸が、2人の人間に対して7ヵ所もの穴を開けたと報告されているのだ。

「証拠物件399」とされるこの銃弾はのちに「魔法の銃弾」と呼ばれ、通常の狙撃ではおよそ考えられない動きをしている。

逮捕されたオズワルドが、狙撃現場とされる教科書倉庫ビルの6階から発射した弾丸は、まずケネディ大統領の右肩のやや下あたりに命中すると、体内を斜めに貫通してネクタイの結び目付近から一度体外に出る。

その後、銃弾は何度もその軌道を変えて、最終的にはケネディの前方に座っていたコナリー州知事の左大腿部《だいたいぶ》に食い込んだ状態で発見されているのだ。

この状況から考えて、「複数の狙撃犯が異なる角度から同時に狙撃した」という説が出てきてもおかしくない。

ところが、事件解明のために組織されたウォーレン委員会が1年の捜査ののちに発表した800ページ以上の報告書は、「オズワルドの単独犯行説」に終始するものだったのである。

とはいえ、そのオズワルド自身も逮捕からわずか2日後に暗殺されてしまったことから、真相はいまだに解明されないままとなっているのだ。その暗殺というのも、あろうことかダラス警察の地下で射殺されるという不可解なものだった。

さらにその犯人として逮捕されたジャック・ルビーという人物も、裁判中に精神の安定を欠き、一連の事件からわずか3年後に病死したと発表されている。

この口封じともとれる死の連鎖が、絶対に公《おおやけ》にすることが許されない黒幕の存在を示唆しているのだ。

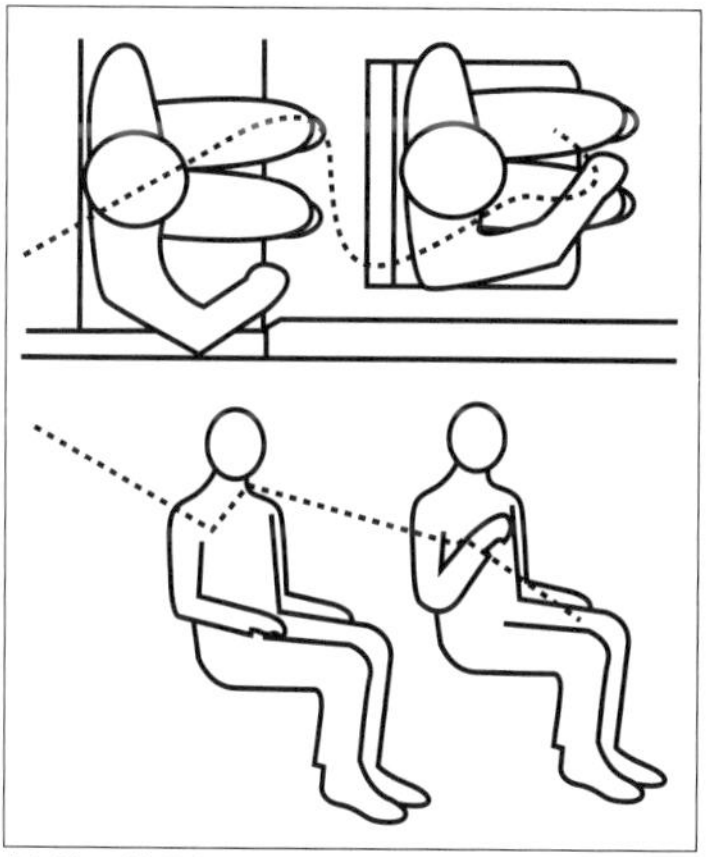

「魔法の銃弾」の経路

■真犯人は2039年に明らかになる？

アメリカ政府は、ケネディ暗殺の最終報告書を2039年に提出すると公約している。ウォーレン委員会の報告書には記載されなかった事実が明らかになるのではないかと、アメリカ国民だけではなく全世界が大いに注目している。

ちなみに、当時のアメリカでは要人の暗殺事件が多発している。１９６５年には黒人解放指導者のマルコムXが、１９６８年にはやはり人種差別と戦ったキング牧師が、ともに近距離からの銃撃によって死亡している。ベトナム戦争や人種問題など社会不安に揺れたアメリカの、まさに黒歴史である。

9章　疫病の黒歴史

何度も大流行するインフルエンザ

■発端はアメリカ

世界の人口の20億人のうち5億人が発症し、インドで2000万人、中国で1000万人、アメリカで55万人、日本で38万人……。いったい何の数字かといえば1918～19年に大流行したインフルエンザの犠牲者の数である。

インフルエンザそのものは遥か古代から存在しており、一定の流行を繰り返しながら、あるとき突然変異して新型が出現する。新型に対しては人類のほとんどが免疫を持たないため、大被害を招くのはある意味当然のことではある。だが、この20世紀初頭の流行はそれまでに類をみない規模のものだったのだ。

最初の流行はアメリカ軍の基地だったが、第一次大戦下にあったためアメリカはその実態を公表しなかった。そして、ほどなくしてフランスのマルセイユでも同じような病が流行する。

マルセイユはヨーロッパにおけるアメリカ軍の拠点だった。これにより、この謎の病はヨーロッパ全土に広がったが、有事の情報管理はどの国も徹底されていた。

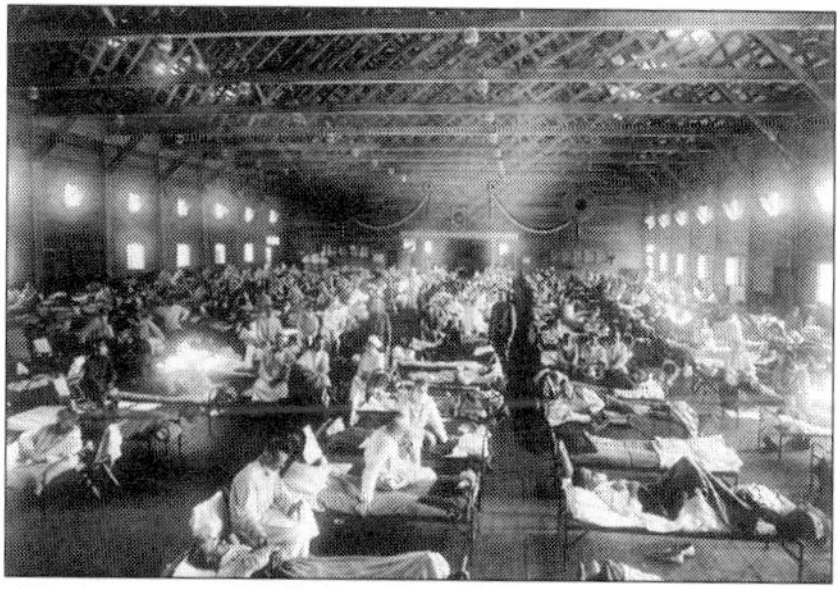
インフルエンザ大流行の際に設置されたアメリカ軍の緊急病院の様子

唯一、中立を保っていたスペインだけが例外だったため、流行が国内に到達した時点で新型インフルエンザの存在が「スペインかぜ」の名で世界共有のものとなったのである。
この病はごく一部をのぞき、ほぼ全世界に広がった。日本はもとよりフィジーやタヒチといった小さな島にももれなく上陸している。
昨今の新型インフルエンザの流行でパンデミック（世界的流行）という言葉が一般的になったが、スペインかぜは過去の人類の歴史において最大規模のパンデミックといって間違いないだろう。

■ウイルスが戦争の終結を早めた

スペインかぜが大きく影響をおよぼしたものといえば第一次世界大戦である。

1914年に開戦したこの戦争は、セルビアとオーストリアの対立によって引き起こされたが、さまざまな大国の思惑が重なり、ロシア・イギリス・フランスをはじめとする連合国と、ドイツ・オーストリアの同盟国という多国籍軍同士の戦いとなった。

さらに、ドイツの海上封鎖という暴挙に対しアメリカも参戦したことから、世界規模の戦争へと発展したのだった。

後半は物量戦の様相を呈していたため連合国軍に有利な展開となっていったが、決定打になったのがこのスペインかぜの流行である。

1918年、パリ侵攻を目論んだドイツ軍は順調に進撃を続けていた。この時点ではドイツ軍が圧倒的に有利な戦況で、パリ陥落は時間の問題であった。

しかし、そこへスペインかぜが出現した。100万人以上いた兵士はまたたく間に倒れ、ドイツ軍の快進撃はぴたりと止まった。

ドイツは戦争に莫大な予算をつぎ込んだうえ、スペインかぜによる国内の死者も相次ぎ、財力、人力ともに尽き果てようとしていた。

そこで、それまでの強硬路線をあきらめ停戦の道を選ぶのだが、この経緯があったため「スペインかぜは戦争を早期終結させた病」として今も語り継がれているのである。

■結局、正体不明のままのウイルス

それにしても、このスペインかぜには不明点も多く、最大の謎が、通常なら感染しにくい若者が相次いで病に侵《おか》されたことである。

インフルエンザの患者には幼児や高齢者が多いのはかねてからの特徴である。しかし、スペインかぜでは20～30代の死亡率がもっとも高かったのだ。

さらに、最初の流行地はアメリカだったと書いたが、そこが発生源というわけではない。いったい、この強力なウイルスはどこからもたらされたのか、一部では中国という説が有力だが、正確なルートは断定できない。今後も人類は、変異し続けるこの病と闘っていかねばならない。

人口を3分の1に減らしたペスト

■感染者は生きながら埋葬された

「死神がリズムを刻み真夜中の墓地で踊る
骸骨が真夜中に白装束をまとい走り回る
誰もが手をつなぎ死の輪を作る……」

14世紀のヨーロッパには、こんな奇怪な詩に代表されるようなひとつの芸術テーマがあった。それが『死の舞踏』である。

なかでも代表的なのはフランスの詩人アンリ・カザリスによるこの詩で、のちにサン＝サーンスが同名の交響詩を作曲したことでも知られている。また、気味の悪い屍が描かれた同名の絵画は枚挙に暇がない。

中世ヨーロッパの芸術家たちが、何かにとり憑かれたように表現し続けた『死の舞踏』。ここで描かれた死こそが「ペスト」である。

ペストはペスト菌を持つノミに血を吸われることで発症する感染病で、皮膚が真っ黒になって死に至ることから「黒死病」とも呼ばれた。

有史以来、3度ないし4度の大流行があったとされているが、中世のそれは人類存続の危機が叫ばれたほどの深刻な事態を招いたのである。

流行の始まりは1348年だった。ペストがいかに人々を混乱と狂気の渦に陥れたか、その一端がルネサンスを代表する作家ボッカチオの小説『デカメロン』に描かれている。

ペストの恐怖を人に模して描いた絵
(ベックリン画)

妹は兄を、妻は夫を、父母は子供を、たとえ肉親同士でも感染していない者は感染した者を見捨てた。放置された患者は悶え苦しみながら死に至る。死体は戸外に打ち捨てられ、死体運搬人が回収する。

墓地は瞬く間に死者であふれ、新たな埋葬用の穴がいくつも掘られた。しかも驚くことに、そのなかにはまだ完全には息を引き取っていない者もいた。誰もが感染者の生存確認をすることを嫌ったのだ――。

このような惨状に身投げする非感染者も多くいた。恐ろしい病の前に、人々は生きていく気力を失っていたのである。

■発症から3日で死亡する強力な病気

ペスト菌が体内に入ると高熱、頭痛、めまいなどを発症し、精神錯乱を引き起こす。さらに、脇や足の付け根がおびただしいほどに腫れ、皮膚に黒い斑点が現れる。ただし、これは「腺《せん》ペスト」と呼ばれるものの症状である。じつは中世ヨーロッパでペストが異常なまでに猛威をふるったのは、腺ペストよりもさらに重い「肺ペスト」が蔓延したからだ。

肺ペストはおもに寒い地域で流行する病で、文字通りペスト菌が肺で増殖するというものである。こうなれば患者のセキやくしゃみにも菌が混ざり、ヒトからヒトへあっという間に空気感染してしまう。現代でも処置をしなければ、2～3日で死亡するというから、どれほど致死率の高い病気だったかがわかるだろう。

ちなみに、このときの発生源はペスト菌が感染したネズミが多く生息する中央アジアだと推察されているが、どういうルートで誰がもたらしたのかは、今も謎のままである。

■贖罪のムチ打ち運動

1348年に始まったペストの流行は鎮静化するまでに6年の歳月を要した。その多くがほとんど死に至ったため医師の治療は当てにできず、生き残った者はバタバタと人が死んでいくのを、ただなす術もなく見ているだけだった。

得体の知れぬ恐怖は人間をおかしな方向へと走らせる。この疫病は神が下した罰だと考え、贖罪《しょくざい》に走る人が続出したのだ。

贖罪運動はエスカレートし、ムチ打ち運動へと発展した。神に祈りながら、互いを流血するまでムチで打つという行為だ。

異常事態に危機感をおぼえた教会などが動いたため、ほどなくして禁止となったが、この頃のヨーロッパ各地はこれほどまでに崩壊していたのである。

最終的にペストが奪った命は実に全ヨーロッパ人口の3分の1にのぼる。この虚無感のなかで生まれたのが冒頭の『死の舞踏』だ。当時の人々は死を表現することで、人生の意味を見出すことに活路を求めたのかもしれない。

誤った治療が悲劇をまねいた梅毒

■梅毒は遊女のステイタスだった

日本史のなかでもっとも平和だったといわれるのが江戸時代だ。だが、そのイメージとは裏腹に当時の人々が悩まされていたのが性病である。

そのなかでも脅威だったのは梅毒で、宣教師や学者など、鎖国下に来日した外国人が見聞録に必ず記録したほど、この病は日本に深く根をおろしていた。

江戸時代には『東海道五十三次』に象徴される宿場町が全国にあったが、そこは男女の性が入り乱れる「性の社交場」でもあった。

宿に泊まる男たちが女中をくどき一夜を共にする。また、売春婦に姿を変えた女中が、旅の男を誘うことも往々にしてあった。性交渉で次々と感染する梅毒は、こうした宿場町を中心に人々を蝕んでいったのである。

さらに江戸時代には吉原があった。ここでももちろん梅毒は脅威の病だったが、その一方で梅毒にかかることがある種のステイタスにすらなっていたというから驚きである。

感染した男側の「女遊びをきわめた証拠」だという理論は百歩譲ってわからなくもないが、感染した遊女にとっては何がステイタスだったのか？　これには、梅毒という病気の特徴が関係している。

■末期になると鼻が落ちる

梅毒の症状は4段階に分かれており、段階を上がるごとに病状はどんどん深刻化していくが、症状が現れる時期と、まったく現れない時期を繰り返しながら進行していく。

「親の目を　盗んだ息子　鼻が落ち」

これは、親の目を盗んで遊郭に通った息子が梅毒に感染したことを嘆いた江戸川柳だが、ここにあるように鼻が落ちる（くさって溶ける）というような悲惨な末路も珍しくなかったのだ。

しかも、この頃は「一度かかれば二度と感染しない」という迷信もあった。つまり、一度梅毒の症状が現れながらも、治ったかのように見えた遊女は「二度と感染の心配がない」安全な相手でもあったのである。

梅毒はスピロヘータという病原菌の一種で、梅毒トレポネーマが引き起こす感染症だ。感染者との一度の性行為で感染する確率はおよそ30％と非常に高い。

１４９２年にコロンブスが新大陸を発見した際、同行者たちが現地の先住民女性と性交渉におよんで感染し、彼らの帰還とともにヨーロッパで大流行したという。

パリの人類博物館にある梅毒患者の頭像

日本で初めて梅毒という言葉が記録されたのは１５１２年なので、わずか20年で梅毒はアメリカからヨーロッパを経由し、極東の日本へとたどり着いたのである。

■治療のための水銀で中毒死する

梅毒の初期は感染部に潰瘍《かいよう》が出現し、リ

ンパ節が腫れる症状が出る。痛みはなく、そのまま放置しておけば自然に治るため、本人も感染したことは気づきにくい。

しかし、しばらくすると発疹が出現し、しだいに発熱、食欲不振と病状が進行。たいていはこの第2期でとどまるが、流行期は第3期、第4期へと進み、最終的に神経系統や内臓が侵され、死に至るケースがほとんどだった。

今日、梅毒は抗生物質を投与すれば治る病気だが、これが発見される20世紀以前には水銀治療が施されていた。

ヨーロッパで実際におこなわれていた治療を紹介すると、まず潰瘍ができた陰部には腐食剤を塗った焼きごてを当てる。そしてサウナのような場所で発汗をうながしながら、水銀軟膏を全身にすり込む。そうすると患者は大量の唾液をダラダラと排出する。これで体内の毒抜きをおこなうというのである。

しかし、この水銀治療は副作用がひどく、治療は過酷をきわめた。大量の唾液の排出も水銀中毒による症状である。当然、これで命を落とした人も多数存在したのだ。

ペニシリンのおかげで激減した梅毒だが、日本では２０１１年以降、増加傾向にある。梅毒は根絶されたわけではないのである。

植民地政策のために広がったコレラ

■「コロリ」のあだ名がつけられた病

3日でころりと死ぬからコロリ——。これが江戸時代のコレラの呼び名であった。まるで冗談のような名前だが、コレラの怖さを表すにはぴったりのネーミングともいえる。19世紀の日本列島では、それほどこの病が脅威の存在だったのである。

日本だけではない。19世紀は世界中でコレラが猛威を振るった時代だった。

コレラとはもともとインドの風土病である。とくにガンジス川流域からベンガル湾一帯はコレラ菌の巣窟《そうくつ》といわれている。では、なぜ突然世界へと伝染してしまったのか。それは18世紀に始まった欧州列強による植民地政策に原因がある。

それまで独立した文化圏を築き上げていたインドにイギリスが乗り込んできた。彼らは新しい価値観を持ち込んだ代わりに、コレラというとんでもないお土産をもらってしまったというわけだ。

最初の流行は１８１７年。まずカルカッタ近くの村が全滅し、ベンガル地方全域に広がり、そこに駐留していたイギリス軍に伝染した。病は国境を越え始めたのだ。

この流行は１８２６年まで続き、最終的にはヨーロッパ、ロシア、アフリカまでをも巻き込み、日本へは１８２２年に朝鮮半島から対馬経由で上陸した。

このようなコレラ・パンデミック（世界的流行）はこれまで7回にもおよんでいる。そして、そのたびに世界は大混乱に陥っているのである。

■脱水症状で苦しみながら死ぬ

コレラによる死因は痙攣《けいれん》や機能障害で、そのほとんどが脱水症状からくるものである。というのも、コレラ菌が体内に入れば激しい下痢に見舞われるからだ。

しばしば「米のとぎ汁」と形容されるが、症状がひどくなると水のような白い便が容赦なく排出される。それが体中の水分を奪い、皮膚は乾き顔はこけ、まるで干からびたような状態になって絶命するのである。

しかし、19世紀当時ヨーロッパでおこなわれていたのは、水銀や瀉血《しゃけつ》による治療だった。水銀は腸を洗浄する下剤として、瀉血は体内の汚れた血液を除去する目的だったが、どちらもコレラの症状を悪化させ、死期を早めるだけだった。

19世紀末にドイツの細菌学者コッホがコレラ菌を発見するまで、人類はこの病の正しい対処法を知ることはできなかったのである。

■一揆がおこるほど日本で流行する

では、改めて日本での流行をみてみよう。

1回目の初上陸時は「文政の大流行」となったが、このときは中国地方の流行のみにとどまった。さらに2回目は、シーボルトが国禁の地図などを持ち出そうとしたシーボルト事件の影響で国外との接触が厳重に遮断されたのが幸いし、流行は日

人間が妖怪「虎列剌（コレラ）」に対して消毒薬の大砲を打つ様子を描いた画

本にまでおよばなかった。

しかし3回目は、開国直後の日本を直撃した。いわゆる「安政の大流行」である。発端は1858年に長崎に入港したアメリカ船で、病魔はまたたく間に江戸に到達したのだ。

町中に死体があふれ、人々は門にお札を貼り、神輿《みこし》や獅子頭《ししがしら》で原因不明の疫病を追い払おうとした。このとき死者は江戸だけで3万～4万人。開国とともに流行が始まったため、コレラを開国による災いとみる者も多く、世論は攘夷に傾いたこともあったという。

以後も流行は繰り返された。明治12年には防疫の一環として果物や魚類の販売を禁じたため人々の不満が募り、消毒剤に毒が混入されているといった風評が流れ「コレラ一揆」なる暴動に発展した。ちなみに、このときの流行で定められた「コレラ病予防および消毒法」がのちの伝染病予防法のもとになっている。

1992年にはアジアで新型コレラ菌O139も発見されている。アフリカの難民が集団感染した例もあるように、不衛生な環境ではまだまだコレラの恐怖から逃れられない。

現在も患者が増え続けるエイズの恐怖

■亡命した中国人女医の告発

2009年末、ある中国の女性医師がアメリカに亡命した。

この医師は中国で売血によるエイズ（後天性免疫不全症候群）の感染被害が拡大している現実を世界に向けて告発してきた。しかし、国内ではさまざまな規制によって活動が阻まれるとして、80歳を超えてから決死の亡命を果たしたのだ。

エイズは人類の長い歴史のなかでは新興の病で、最初にその存在が確認されたのはわずか半世紀前のことである。

とくに今も感染者が増え続けるアフリカやアジアなどでは売血などの黒いビジネスや、貧困、飢餓、そして闇社会の売春システムといった問題に大きく関係している。

冒頭の女性医師が告発したのも、中国の河南《かなん》省で「血を売ればお金がもらえる」という当局の宣伝に乗り、貧しい農民たちがこぞって売血を続けたという事実だ。集められた血にはエイズ患者の血液が紛れ込んでいたため、輸血による集団感染があちこちで発生した。彼女は当局のずさんな衛生管理と無責任な売血の扇動に対し非難の声を上げたのである。

エイズは、ＨＩＶというヒト免疫不全ウイルスによる感染症で、発症すれば免疫不全に陥り、死に至る場合はカリニ肺炎などの感染症やカポジ肉腫などの悪性腫瘍を併発する場合が多い。

その起源はアフリカのチンパンジーともいわれている。２００８年末のデータでは世界の感染者は３３４０万人、うち15歳未満の子供が２１０万人も含まれている。

現在は、感染しても適切な治療をおこなえば発症を先延ばしできるが、まだまだ誤解や偏見が多く残っているのも事実だろう。

■生まれながらにして患者になるわけ

エイズはおもに性交渉による感染や、薬剤などによる血液感染でかかる病気だが、

３つ目の経路として母子感染がある。

今はＨＩＶ感染者が妊娠したとしても出産そのものをすぐさま諦めなくてもよくなったが、通常どおりに出産すれば、赤ん坊は生まれつきＨＩＶに感染した状態で生まれてくる可能性がある。

ジンバブエの木にかけられた看板には「エイズのステイタスを知ろう」と書かれている。

この胎内感染の確率はおよそ30％だ。しかし、投薬治療をしたうえで帝王切開で出産すれば１～２％と格段に低くなる。

ただ、それだけで不安から免れられるわけではない。母乳を通じて感染するおそれがあるからだ。したがって、断乳して子への感染を防ぐ必要がある。

しかし、世界のエイズ患者の６～７割を占めるというサハラ以南のアフリカでは、母子感染が後を絶たない。その理由はエイズという病を正しく理解していない「認識不足」、それから感染者の治療を施すための「薬不足」など複合的だが、根本的に「避妊」の概念が諸外国に比べて乏しいといった指摘もある。

いくら母乳を断ったり投薬治療をしたりしても、感染者が避妊もせず性行為におよべば「生まれながらにしてＨＩＶに感染している」赤ん坊が生まれる可能性が高くなるのは当然のことだ。

近年、ＨＩＶ感染者が減少傾向にあるといわれるジンバブエでさえ、成人の平均寿命は男性が37歳、女性は34歳である。もちろん、この数字にエイズが無関係であるはずがない。

現在の医学でも、一度ＨＩＶにかかれば完治することはあり得ない。その先にあるエイズという病は、人類にとってもっとも脅威の存在なのである。

■日本国内で患者は増加している

ところで日本はＨＩＶとエイズの患者が1万5０００人を超え、先進国では唯一増加傾向にあることをご存知だろうか。

その理由は、未検査のＨＩＶ感染者が新たな感染者を生み出しているという構図にある。そこにはやはり「性」に対し閉鎖的な日本の社会が影響していると考えられる。最近では、検査キットを自分で購入して民間の検査機関に郵送する「郵送検査」の利用が広がっている。ネット通販などで簡単に手に入る点は便利なのだが、結果が出たあとの医療機関との連携がないなどの理由で、厚生労働省は認めていない。

ＨＩＶの治療に関しては、日本では一定の条件を満たせば、身体障害者の認定が受けられ、治療費の負担は大幅に減らせる。

「不治の病」から、治療すればコントロールできる病気に変わったエイズではあるが、発症してからの治療は依然難しい。そのため、何より早期に発見して治療につなげることが助かる道なのである。

【参考文献】

『疫病は警告する』濱田篤郎／洋泉社、『疫病の時代』酒井シヅ編／大修館書店、『感染症は世界史を動かす』岡田晴恵／筑摩書房、『ジャガイモのきた道』山本紀夫／岩波書店、『歴史を変えた気候大変動』ブライアン・フェイガン／東郷えりか、桃井緑美子訳／河出書房新社、『飢饉』菊池勇夫／集英社、『人禍』丁抒／森幹夫訳／学陽書房、『マオ　誰も知らなかった毛沢東 下』ユン・チアン、ジョン・ハリデイ／土屋京子訳／講談社、『キーワード30で読む中国の現代史』田村宏嗣／高文研、『物語　ウクライナの歴史』黒川祐次／中央公論新社、『悲しみの収穫』ロバート・コンクエスト／白石治朗訳／恵雅堂出版、『読める年表・日本史』自由国民社、『スターリン』アルバート・マリン／駐文館編集部訳／駐文館、『スターリンの大テロル』O・フレヴニューク／富田武訳／岩波書店、『アメリカ映画の大教科書 下』井上一馬／新潮社、『アメリカの20世紀下』有賀夏紀／中央公論新社、『現代史の証言』TBS・ブリタニカ、『キリング・フィールドへの旅』波田野直樹／連合出版、『ポル・ポト　死の監獄S21』デーヴィッド・チャンドラー／山田寛訳／白揚社、『ホロコースト』芝健介／中央公論新社、『NHKスペシャル文明の道4　イスラムと十字軍』NHK「文明の道」プロジェクト、清水和裕、高山博、山内進、深見奈緒子、新井勇治、鶴田佳子、包慕萍、鈴木英明／日本放送出版協会、『100問100答・世界の歴史』歴史教育者協議会編／河出書房新社、『アルメニア人ジェノサイド』中島偉晴／明石書店、『フランス革命』遅塚忠躬／岩波書店、『フランス革命小史』河野健二／岩波書店、『エチオピアを知るための50章』岡倉登志編著／明石書店、『知っておきたいエチオピアの実像』山田一廣／ほるぷ出版、『ニューースステーション戦場記者の10年』川村晃司／全国朝日放送、『岩波講座　世界歴史27』岩波書店、『ラテン・アメリカ史』増田義郎編／山川出版社、『収奪された大地』エドゥアルド・ガレアーノ／大久保光夫訳／藤原書店、『パラグアイのサバイバル・ゲーム』船越博／創土社、『もういちど読む山川日本史』五味文彦、鳥海靖編著／山川出版社、『詳説日本史』石井進、五味文彦、笹山晴生、高埜利彦ほか／山川出版社、『詳説世界史』佐藤次高、木村靖二、岸本美緒ほか3名／山川出版社、『アフリカの歴史　侵略と抵抗の軌跡』岡倉登志／明石書店、『ポルトガル史』金七紀男／彩流社、『ロシア史』和田春樹／山川出版社、『世界の戦争・革命・反乱　総解説』自由国民社、『徹底図解　第二次世界大戦』新星出版社編集部／新星出版社、『これならわかる世界の歴史Q&A』鈴木亮・中山義昭・三橋広夫・石出みどり／大月書店、『アメリカ合衆国史と人種差別』大塚秀之著／大月書店、『人種差別』フランソワ・ド・フォンテット／高演義訳／白水社、『ベトナム戦争　誤算と誤解の戦場』松岡完／中央公論新社、『ベトナム戦争』吉澤南／吉川弘文館、『物語　フランス革命・バスチーユ陥落からナポレオン戴冠まで』安達正勝／中央公論新社、『戦争指揮官リンカーン・アメリカ大統領の戦争』内田義雄／文藝春秋、『45分でわかる！　14歳からの世界金融危機』池上彰／マガジンハウス、『チェルノブイリの真実』広河隆一／講談社、『ルワンダからの証言　難民救援医療活動レポート』ＡＭＤＡ／中山書店、『図解雑学　日本経済のしくみ』松原聡編著／ナツメ社　ほか

【参考ホームページ】

政府広報オンライン、厚生労働省、エイズ予防情報ネット、チェルノブイリ医療支援ネットワーク、海外ニュース翻訳情報局、全図解ニュース解説、スズキ株式会社、日晃堂、日本経済新聞、毎日新聞、ANN NEWSインターネット、CNN　ほか

【写真】

※本書では歴史的な記述等に関してはその世界観を損なわないよう、できるだけ当時に使われていた表記や表現、文言などを尊重して掲載しました。

教科書には載せられない 黒歴史

平成30年9月5日　第1刷

編　者　歴史ミステリー研究会

制　作　新井イッセー事務所

発行人　山田有司

発行所　株式会社　彩図社《さいずしゃ》

〒170-0005 東京都豊島区南大塚3-24-4 MTビル
TEL:03-5985-8213
FAX:03-5985-8224

印刷所　新灯印刷株式会社

URL：http://www.saiz.co.jp
https://twitter.com/saiz_sha

 ISBN978-4-8013-0321-8 C0122

本書は弊社より刊行した書籍『教科書には載せられない 黒歴史』(平成22年4月発行)を再編集したものです。